하루 24시간 예수님과 동행하는 루틴

"쉬지 않는 기도"

― 오경근 지음 ―

쿰란출판사

하루 24시간 **예수님과
동행하는
루틴**

추천사

'쉬지 않는 기도'의 아름다운 협업

"쉬지 않는 기도는 하나님과의 친밀한 사귐이요,
주님을 향한 뜨거운 사랑이요,
하나님의 임재 안에서 주님과 동행하는 실제다."

이 짧은 정의가 말해주듯, 쉬지 않는 기도는 단순한 경건 훈련이나 기도의 방식이 아니다. 아들이 아버지께 달려가고, 신부가 신랑의 품에 안기듯, 하나님을 향한 그리스도인의 사랑의 속삭임이자 고백이다. 시인 사무엘 콜리지는 말한다. "사랑을 잘하는 사람이 기도도 잘한다."

나는 오랜 세월 동안 기도를 의무와 부담으로 여겼고, 더 오래 더 많이 기도해야 한다는 종교적 열심에 몸부림쳤다. 그러나 어느 날, 은혜가 갑작스럽게 찾아왔다. 마른하늘에 벼락이 치듯, 쉬지 않는 기도가 무엇인지 불현듯 깨달았다. 그때부터 지금까지 나는 쉬지 않는 기도를 이어가며 어느 때보다 평온하고 행복하며 넉넉한 삶을 누리고 있다.

그 과정에서 집필한 《예수님과 함께하는 하루하루 쉬지 않는 기도》와 《쉬지 않는 기도 동행 31》을 통해 많은 성도와 동역자들이 기도의 길로 들어섰다. 그런데 이번에 오경근 목사가 이 책들을 읽고 감동하여, 자신뿐 아니라 교회 공동체까지 그 기도를 삶에 적용하고 실천하게 되었다는 소식을 듣고, 나는 무척 기쁘고 감격스러웠다.

이 책은 바로 나 김석년 목사와 오경근 목사의 삶과 사역이 만난 '쉬지 않는 기도의 아름다운 협업'의 결과물로, 단순한 기도의 방법론이 아니라, 개인과 공동체가 실제로 주님과 동행하며 삶 전체를 하나님께 드린 살아 있는 간증이다. 아침의 사도신경, 정오의 십계명, 밤의 주기도문, 그리고 순간마다 흘러나오는 짧은 기도가 호흡처럼 이어질 때, 우리의 하루는 하나님의 임재 속에서 새롭게 세워진다.

나는 이 책을 통해 더 많은 성도가 쉬지 않는 기도로 예수님과 친밀하게 동행하며, 매일의 삶에서 놀라운 구원을 경험하기를 소망하며, 오경근 목사의 이 귀한 수고의 결과물을 기쁘게 추천한다.

김석년 목사
한국교회를섬기는공동체 대표
서초성결교회 원로목사

―――――― **추천사** ――――――

　목회의 한복판에서 수많은 성도와 시민을 만나며 확인한 사실이 있습니다. "쉬지 말고 기도하라"는 말씀은 많은 이들에게 소망이면서도, 동시에 마음을 짓누르는 과제가 되곤 한다는 것입니다. 바쁜 하루 속에서 기도를 일정표에 '끼워 넣는' 일은 잠깐 가능하지만 오래가지 못합니다. 그래서 묻습니다. 정해진 시간에만 드리는 기도가 아니라, 삶 전체가 기도가 될 수는 없을까요?

　이 책은 그 물음에 대한 성실한 대답입니다. 저자는 사춘기부터 오늘에 이르기까지 자신의 일상 속에서 '기도의 루틴'을 발견하고 다듬어 왔습니다. 그 여정의 핵심은 분명합니다. 기도는 특별한 사람이 드리는 특별한 행위가 아니라, 하나님과 동행하는 삶의 가장 자연스러운 호흡이라는 것. 책장을 넘기다 보면, 기도를 "더 해야 하는 일"에서 "이미 함께 걷는 삶"으로 옮겨 놓는 길이 선명해질 것입니다.

　이 책이 특별한 이유를 세 가지로 말씀드리고 싶습니다.

첫째, 신학적으로 안전합니다.

아침의 사도신경, 정오의 십계명 묵상, 밤의 주기도문이라는 세 기둥은 우리의 믿음을 중심에 단단히 붙들어 줍니다. 감정의 높낮이에 흔들리지 않고, 복음의 뼈대를 따라 하루를 세우게 합니다.

둘째, 방법은 단순하지만 깊습니다.

분주한 출근길에 짧게 올리는 "예수 그리스도시여!"라는 부름, 회의 전후의 작은 축복, 식탁에서 드리는 감사, 이동 중에 올리는 짧은 간구 같은 마디 기도가 하루의 빈틈마다 스며듭니다. 형식은 가볍지만, 마음의 방향을 하나님께로 돌려 세우는 힘은 결코 가볍지 않습니다.

셋째, 실제 삶을 바꿉니다.

이 책은 "더 뜨겁게 하라"는 다그침이 아니라 "더 가까이 걸어라"는 초대입니다. 그래서 독자는 읽는 동안 부담을 덜고, 닫는 순간에는 따라 할 수 있는 구체적 습관을 손에 쥡니다. 책 속 제안들을 그대로 한 주만 실천해 보십시오. 하루의 첫 말과 끝 말이 달라지고,

사람을 대하는 눈빛이 달라지며, 같은 하루를 살아도 영혼의 피로가 줄어드는 것을 경험할 것입니다.

특히 저는 이 책이 일반 독자에게 매우 적합하다고 확신합니다. 신학교의 강의실이 아니라 직장과 가정, 골목과 식탁에서 바로 시작할 수 있도록 쓰였습니다. 길고 어려운 이론 대신, 오늘 바로 적용할 수 있는 작은 걸음들을 제시합니다. 그 작은 걸음들이 모여 기도를 하는 삶에서 기도로 사는 삶으로 옮겨가게 합니다.

메마른 일상 속에서 하나님과의 동행이 막연하게 느껴지시나요? 기도가 자꾸만 미뤄지는 자신을 보며 마음이 무거우셨나요? 그렇다면 이 책을 펴십시오. 무거운 숙제를 가능한 길로, 막연한 이상을 검증된 습관으로 바꾸어 줄 것입니다.

최형영 목사
대한기독교나사렛성결회 총회 감독

추천사

일상에서 발견하는 깊은 영성의 보화

현대 사회의 바쁜 일상에서 하나님과의 깊은 교제를 유지하기란 쉽지 않습니다. 끊임없는 업무와 디지털 미디어의 홍수 속에서 어떻게 영적 생활의 균형을 잡아야 할지, 어떻게 하면 진정한 기도의 삶을 살 수 있을지 고민하는 그리스도인이 많을 것입니다.

이 책은 바로 그런 영적 갈증에 대한 탁월한 해답을 제시합니다. 저자는 단순히 형식적인 기도를 넘어, 일상의 루틴으로 예수님과 끊임없이 동행하는 삶의 방식을 제안합니다.

특히 인상 깊었던 것은 '쉬지 않는 기도'의 실천적 접근입니다. 바울이 데살로니가전서 5장 17절에서 말한 "쉬지 말고 기도하라"는 명령이 어떻게 현실적으로 가능한지를 구체적이고 체계적으로 제시하고 있습니다.

AI융합경영학을 연구하는 입장에서 볼 때, 이 책은 현대적 시스템 사고를 영성 생활에 적용한 혁신적 사례라고 생각합니다. 루틴과 습관의 과학적 원리를 기도 생활에 접목해 지속 가능하고 체계적인 영성 관리 방법론을 제시하는 것이 매우 인상적입니다.

무엇보다 이 책의 가장 큰 장점은 실천 가능성입니다. 복잡한 신학 이론보다는 바로 오늘부터 시작할 수 있는 구체적인 영적 루틴으로 가득 차 있어, 바쁜 현대인들에게 실질적인 도움이 될 것입니다.

영적 성장에 목말라하는 모든 그리스도인에게 이 책을 강력히 추천합니다. 작은 일상의 루틴으로 시작되는 기도 생활이 얼마나 깊고 의미 있는 영적 변화를 가져올 수 있는지, 이 책을 통해 직접 경험해 보시기 바랍니다.

최영준 박사
오이코스대학교 AI융합경영학과 Executive Director

―――――――――― 프롤로그 ――――――――――

예수님의 이름으로 시작되는 하루, 쉬지 않는 기도로 이어지는 삶

나는 사춘기 때 예수님을 만났다. 그 후 내 마음속에서는 하나의 화두가 끊임없이 나를 괴롭혔다.

1960년대 청계천 복개 공사로 집을 잃은 이들이 정부 정책으로 경기도 광주의 한 부분인 성남시 은행동의 달동네에 모여 자리를 잡았다. 그 일이 있은 지 10년 후쯤―내가 초등학교 2학년 때―부모님은 4남매를 데리고 이곳으로 이사를 왔다. 당시 동아출판사와 계몽사에서 일을 하시던 아버지는 형제들의 짐을 덜어준다고, 서울에 있는 집을 팔고 산 중턱에 있는 동네에서 제일 좋은 집으로 오셨다. 하지만 동네의 형편은 그리 좋지 못했다.

나는 이곳에서 사춘기를 맞이해야 했고, 동네에서 매일 부부싸움 소리를 듣고 또래들의 비관적인 삶을 보면서 살아가야 했다. 신앙생활을 하고 학교생활을 하면서 나는 결코 나를 자랑하지 못했다. 그저 내가 주변 사람들에 비해 잘사는 것이 너무 미안했다. 그리고 그들을 긍휼히 여기는 마음이 나를 흔들었다. 내 주변의 친구들은 모든 범죄에 노출되어 있었다. 그리고 다들 그것을 어쩔 수 없다고 생각했다. 대부분이 합판에 기름종이를 덮어 비를 피하는 생활을 했다. 친구들의 환경이 너무나 열악했다.

나는 중학교에 입학했지만, 앞집에 사는 같은 반이었던 여학생은 미싱 공장에 가야만 했다. 나는 야학에 다니는 그 친구를 돕고 싶었다. 그래서 중2 때부터 그에게 수학을 가르쳤다.

나는 사춘기 때 하나님을 만났지만, 그리고 복음을 전해야 한다고 해서 전도도 했지만, 내 안에서는 늘 질문이 끊이지 않았다.

'하나님 당신은 어떤 분이십니까? 지금 이곳에서 벌어지는 일들에 대해 말 좀 해주세요…'

한번은 고등학생 때 교회 학생회 임원으로서 한동안 교회에 나오지 않고 있던 같은 학년 여학생 집을 찾아갔다. 집 앞에서 조심스럽게 이름을 불렀다. 합판으로 만들어진 문이 열렸고, 원두막처럼 땅에서 1미터 정도 높이 만든 집에서 친구가 나왔다. 나를 보고 너무나 민망해하던 그 모습을 40여 년이 지난 지금도 잊을 수가 없다. 내 가슴속에서는 다시금 하나님을 향한 질문이 쏟아졌다.

'이게 뭡니까? 왜 이렇게 어여쁘고 앞날이 창창한 이들이 이렇게 살아야만 합니까?'

당시 나는 하나님과 잠시도 떨어지기 싫어서 항상 하나님을 부르며 지냈다. 하지만 하나님이 행하시는 일들에 대해 이해하지 못하는 것이 너무 많았고, 힘들게 살아가는 내 친구들에 대해 하나님은 여전히 침묵하고 계셨다. 대학에 입학하고 엔도 슈사쿠의 《침묵》이라는 책을 읽었다. 충격적이었다. 하지만 이해할 수 있었다. 나도 그 침묵에 대한 의문이 늘 있었으니까.

교회에서의 은혜로운 시간들은 날 행복하게 했다. 하지만 삶의 현장에서 부딪치는 신앙의 길에서는 어디로 발을 디뎌야 할지 항상 고민이었다. 이런 고민을 안고 군대에 갔다. 군종이라는 직분을 권

유했지만, 끊임없이 하나님을 찾는 나에겐, 연대급 안에 있는 교회에 출근하여 편안하게 머무는 것이 종교 놀이라고 느껴졌다. 그렇게 보내고 싶지 않았다. 나는 현장에서 하나님을 만나고 싶었다.

'총과 함께, 훈련과 함께, 고난과 함께, 불의함과 억압과 말도 안 되는 특수상황에서도 하나님과 교제할 수 있을까?' '군대라는 현장에서 세상 사람들과 함께 뒹굴면서 내가 하나님과 동행하는 신앙을 유지할 수 있을까?' '그동안 복음을 늘 전했지만, 언제 어디서나 하나님과 동행하는 삶을 표현할 수 있을까?'

나는 이 질문들에 대한 답을 얻어야 했다. 그렇지 않고서는 복음을 전하는 전도자가 될 수 없다고 생각했다.

군복무 이후에도 나의 질문은 계속되었다. 어디를 가든지 주님과 소통하는 삶이 기본이 되었지만, 그것은 마음의 중심만 하나님을 향할 뿐 기도가 체질화되거나 습관화된 것은 아니었다.

2년 전 어느 날, 서초성결교회 원로목사이신 김석년 목사님을 만났다. 그분의 갈망 가운데 하나가 '쉬지 않고 기도하는 것'이었는데,

교회 사역으로 바빠 실행하지 못하다 드디어 은퇴하기 전에 루틴을 만들어 기도하고 있으며, 현재 너무 행복하다는 이야기를 들었다. 집에 돌아와 그의 동영상 강의를 찾아서 듣고, 정리하고, 따라 하기 시작했다. 6개월 뒤에는 성도들에게 적용하여 쉬지 않는 기도를 가르치고 훈련시켰다. 그런 기도가 루틴이 된다는 것이 쉽지는 않았다. 하지만 내가 경험했던 기쁨과 즐거움과 은혜의 역사를 함께 나눌 수 있을 만큼 충분히 감사한 루틴이다. 쉬지 않는 기도는 단지 기도 생활의 방식이나 형식을 바꾸는 데 그치지 않고, 하루 전체를 주님께 드리는 삶으로 나를 이끌었다.

이 책은 그렇게 시작되었다. 아침에 눈을 뜨면서 사도신경으로 믿음을 고백하고, 정오에는 십계명으로 삶의 방향과 중심을 재정비하며, 잠들기 전에는 주기도문으로 하루를 정리하고 주님 안에서 안식하는 삶. 이것이 바로 예수님과 동행하는 루틴, 쉬지 않는 기도의 여정이다.

나에게 기도는 더 이상 정해진 시간표에 끼워 맞추는 일이 아니다. 이제 기도는 나의 숨결이고, 감정의 맥박이며, 순간마다 흘러나오는 하나님과의 대화다. "하나님 아버지!" "예수 그리스도시여!" "보혜사 성령님!" "끼리에 엘레이손!" 이 짧고 단순한 한마디 한마디가 하루의 고비마다 나를 붙잡아주고, 방향을 바로잡아주며, 무너지는 마음을 다시 일으켜 세워준다.

기도는 훈련의 과목이 아니라 사랑이고, 간절한 그리움이며, 동행에의 갈망이다. AI 시대를 살아가는 지금, 기도는 점점 더 형식이 아닌 본질로 나아가야 한다. 속도의 시대, 효율이 최고의 가치가 된 이 세상에서도 하나님의 임재는 여전히 느림 속의 은혜로 우리를 부르신다. 이 책이 담고자 한 것은 단지 '기도법'이 아니라, 기도가 '삶'이 되는 은혜의 루틴이다.

나는 이 루틴을 통해 실제로 변화되는 삶을 경험했다. 아침의 사도신경이 하루의 리듬을 바꾸고, 정오의 십계명이 내 안의 갈등과 탐심을 성찰하게 하며, 밤의 주기도문이 회복과 안식을 선물한다.

그리고 그 사이사이 흐르는 짧은 기도는 그분과 함께 호흡하며 살아가고 있다는 놀라운 확신을 준다.

이제 당신과 이 은혜의 루틴을 나누고자 한다. 이 책을 통해 당신의 하루가 말씀으로 시작되고, 기도로 연결되며, 하나님의 임재 안에서 살아가는 일상으로 채워지길 바란다.

기도는 삶 전체에 하나님을 초대하는 일이다. 당신이 지금 서 있는 그 자리에서 예수님의 이름을 부르며 다시 시작해 보라. 그분은 반드시 응답하시며, 기도하는 당신과 오늘도 동행하실 것이다.

2025년 9월

용인에서

오경근

차례

추천사 김석년 목사(한국교회를섬기는공동체 대표, 서초성결교회 원로목사)   4
    최형영 목사(대한기독교나사렛성결회 총회 감독)   7
    최영준 박사(오이코스대학교 AI융합경영학과 Executive Director)   10

프롤로그   12

1장 아침에 눈을 뜨면서 시작되는 동행
: 매일의 부활을 경험하다   25
 '전능하신 하나님을 믿사오며'로 여는 하루   26
 예수님의 이름을 부르며 시작하는 삶   27
 사도신경이 바꾼 하루의 방향   28
 바쁜 아침에도 놓치지 않는 기도   29
 쉬지 않는 기도, 부활의 은혜처럼   29

2장 정오에 드리는 십계명 기도
: 바쁜 삶 속의 거룩한 나침반   31
 십계명 묵상으로 시작된 깊은 동행   32
 십계명, 삶의 경계와 방향을 제시하다   33

십계명 묵상이 가져온 변화와 유익	34
정오 기도의 특별함 : 삶의 항해를 위한 조타 장치	34
정오 기도가 주는 코람데오의 기쁨	36
십계명과 말씀의 연결 : 일상의 살아 있는 예배	37
정오 기도, 다시 중심을 잡는 시간	38

3장 밤의 기도, 주기도문 안에서 잠들다
: 코람데오의 안식   39

"나라가 임하시오며" : 잠들지 않는 하나님의 역사	40
기도로 회복되는 삶의 영역들	41
나에게서 '하늘에 계신 우리 아버지'의 의미	42
용서의 기도, 나를 살리는 은혜	43
"시험에 들게 하지 마시옵고" : 간절한 사명의 기도	43
기도로 마무리하지 못한 밤, 그럼에도 계속되는 주님의 중보	44
밤의 기도 : 다음 날을 준비하는 믿음의 씨앗	45

4장 순간의 기도가 만드는 기적, 마디 기도   46
　마디 기도의 성경적 뿌리   47
　성령님의 도우심을 구하는 순간   48
　마디 기도가 가져오는 기적 같은 위로와 지혜   49
　호흡처럼 자연스러운 기도의 습관   50
　마디 기도로 변화되는 삶의 모습   52
　마디 기도가 쌓여 삶을 변화시키다   53
　내 삶에 스며든 마디 기도   53
　마디 기도를 통한 기적 같은 변화   54
　공동체에 흐르는 마디 기도의 영향력   55
　지속적인 마디 기도를 위한 실천 방법   56
　마디 기도로 깊어진 하나님과의 동행   57
　마디 기도로 누리는 평안
　　: 마디 기도가 주는 일상의 평안과 안식   59
　바쁜 일상 속, 마디 기도가 주는 평안   59
　불안과 걱정을 잠재우는 마디 기도의 능력   60
　영혼의 쉼을 주는 시간   61
　관계 속에서 피어나는 평안   61
　더 깊이 누리고 싶은 영적 안식   62

5장　일상 기도　　　　　　　　　　　　　　　64

하나님을 향한 온전한 신뢰로 드리는 보고　　65
일상 기도가 가져온 삶의 변화 : 기대감과 평안　66
바쁜 일상 속 일상 기도를 위한 지혜로운 방법　67
하나님의 분명한 인도하심을 느낀 순간　　　68

6장　식사 기도
: 평범한 식사에서 예수님을 만나다　　　69

보이지 않지만 계신 그분　　　　　　　　　　70
식탁에서 만나는 예수님　　　　　　　　　　　71
엠마오 길 위의 식탁 : 보이지 않는 동행　　　71
갈릴리 식탁에서의 눈빛 : 회복과 사명　　　　72
성찬의 의미가 담긴 식사 기도
　: 가치 있는 인생으로의 회귀　　　　　　　　73
가장 큰 영적 유익 : 주님과의 동행을 인지하는 것　74
공동체적 유대감과 사명으로 연결되는 식탁　　74
무뎌질 때, 다시 새롭게 하는 고백　　　　　　75
자녀들을 위한 축복의 식탁　　　　　　　　　76
식사 기도는 습관이 아닌 사랑스러운 눈빛을
　느끼는 시간　　　　　　　　　　　　　　　76

7장 각종 기도문 예시   78

    사도신경으로 드리는 기도
     -"나는 믿나이다"라는 고백 위에 드리는 믿음의 기도   78
    주기도문으로 드리는 기도
     -"그러므로 너희는 이렇게 기도하라"(마 6:9)   86
    십계명으로 드리는 기도
     -"주의 말씀은 내 발에 등이요 내 길에 빛이니이다"(시 119:105) 92
    '하나님 아버지'로 드리는 기도
     -"주의 이름을 아는 자는 주를 의지하오리니"(시 9:10)   100
    '예수 그리스도시여'로 드리는 기도   105
    '보혜사 성령님'(파라클레토스)으로 드리는 기도   108
    '주님, 나를 긍휼히 여기소서'로 드리는 기도   113
    일정을 보고하며 드리는 기도   116
    주님이 함께하심을 인지하며 드리는 식사 기도   118
    갈릴리의 식탁에서 드리는 식사 기도   119
    엠마오의 식탁에서 드리는 식사 기도   120
    용인 원바신갈지역아동센터에서 드리는 식사 기도   121

에필로그   122
참고문헌   125

1장

아침에 눈을 뜨면서 시작되는 동행
: 매일의 부활을 경험하다

　세월이 흘러도, 시대가 아무리 빠르게 변해도 변하지 않는 것이 있다. 그것은 바로 예수님과 동행하는 삶이다. 고대 사막 교부들이 그러했고, 중세의 수도사들이 그러했듯이. 그리고 금세기 첨단 AI 시대인 현재를 살아가는 우리에게도 이 진리는 변함이 없다. 어김없이 아침으로 시작되는 하루, 그 시작의 첫 호흡에 예수님의 이름을 부른다면, 그날은 이미 은혜와 축복으로 가득 채워진 날이 된다. 매일의 아침은 단순한 하루의 시작을 넘어, 영적인 의미가 깊이 담긴 거룩한 시간인 것이다.

✿ '전능하신 하나님을 믿사오며'로 여는 하루

나는 매일 아침 눈을 뜬다. 그 어느 날부터는 천국에서 눈을 뜨겠지만, 아직 내가 눈을 뜨는 곳은 나의 집이다. 눈을 뜨는 순간, 잠에서 깨어나는 몽롱함 속에서도 가장 먼저 입술을 움직여 고백한다. "전능하사 천지를 만드신 하나님 아버지를 내가 믿사오며"라는 기독교 신앙의 핵심을 고백한 신앙문인 사도신경의 첫 구절이 자연스레 흘러나온다. 이 고백은 하루의 첫 의식이며, 온전한 믿음의 선언이다.

침상 위, 아직 몸을 일으키지 않은 고요한 공간에서 나는 조용히 하나님과 이야기한다. "전능하신 하나님, 오늘도 저와 동행하여 주옵소서." 이 고백은 단지 입술로 읊조리는 주문이 아니다. 이것은 전능하신 하나님에 대한 절대적인 신뢰와, 그 신뢰에서 비롯되는 오늘 하루를 살아갈 자신감의 선언이다. 이 믿음의 고백을 통해, 나는 세상의 어떠한 파도 속에서도 흔들리지 않을 견고한 반석 위에 서 있음을 확인하게 된다. 하나님에 대한 깊은 신뢰가 곧 하루를 살아가는 모든 순간에 자신감으로 이어짐을 매일 경험하는 것이다.

그리고 그때 창밖에서 익숙한 소리가 들려온다. "꼬끼오!" 닭 울음소리다. 그 소리를 듣는 순간, 문득 베드로가 생각난다. 주님을 모른다고 세 번이나 부인했던 그의 연약함, 그러나 닭 울음소리에 주님의 말씀이 떠올라 통회하며 회개했던 그의 모습이 가슴을 먹먹하게 만든다. 그 소리는 누군가를 회개케 하고, 다시 예수님을 생각나게 하는 강력한 알림이었다. 닭 소리인지, 내 가슴을 때리는 천둥인지 모를 그 울림 속에서, 나는 오늘도 그 주님을 놓치지 않으리라 다짐한다. "주님, 도와주세요". 베드로처럼 일상의 익숙한 소리들—새소리, 멀리서 들려오는 자동차 소리, 시계의 똑딱거리는 소리—마저도 주님을 떠올리고, 기도를 시작하게 하는 신호로 연결하는 지혜를 배우게 된다. 우리의 모든 감각과 인식이 주님께로 향할 수 있음을 깨닫는 놀라운 순간들이다.

예수님의 이름을 부르며 시작하는 삶

나는 매일 아침 습관처럼 예수님의 이름을 부른다. 힘들어도, 아파도, 내가 정신이 있는 한 언제나 그렇다. 아니, 심지어 정신이 없을 그날이 오더라도 예수님의 이름으로 깨어나길 간절히 기도한다. 혹 병이 들어 정신 줄을 놓치는 그날이 온다 해도 나는 예수님을 부르며 일어나길 사모한다. 기도가 일상의 습관이 되고, 그 습관이 몸에 배어 체득이 되면서, 이제는 하루의 본능처럼 예수님의 이름이 내 아침을 여는 거룩한 열쇠가 되었다. 이것이 쉬지 않는 기도의 첫 단추다. 이처럼 기도하는 삶은 의식적인 노력을 넘어 무의식에까지 주님을 향한 갈망이 스며든 깊은 신앙의 표현이다.

사도신경이 바꾼 하루의 방향

아침마다 사도신경으로 하루를 시작하는 습관은 단순한 루틴을 세운 것이 아니다. 그것은 나의 삶의 방향을 근본적으로 바꾸는 사건이었다. 이 루틴을 통해 나의 영적 리듬은 새롭게 조율되었고, 하나님을 대하는 태도도 완전히 달라졌다. 이제 하루는 그저 '시작'되는 것이 아니다. 그것은 믿음으로 여는 경건한 예배의 시간이 되었고, 매 순간 주님의 임재를 경험하는 축복의 통로가 되었다. 사도신경을 통해 삼위 하나님의 사역(전능하신 하나님 → 구원하신 예수 그리스도 → 인도하시는 성령)에 대한 믿음의 고백을 따라 기도하는 이 흐름은 나의 신앙 고백을 더욱 견고하게 하고, 기도의 깊이를 더해주는 중요한 역할을 한다.

🌿 바쁜 아침에도 놓치지 않는 기도

물론 어떤 날은 무척 바쁘다. 눈코 뜰 새 없이 서둘러야 할 때도 있다. 하지만 그럴 때조차 나는 침대에서 일어나기까지 필요한 짧은 1분의 시간을 놓치지 않는다. 그 찰나의 순간 동안, 나는 "전능하신 하나님, 나를 구원하신 예수님, 성령님을 믿습니다"라고 조용히 고백한다. 그 1분이 하루 전체를 좌우할 만큼 강력한 영향을 미친다. 그 짧은 기도가 하나님과의 영원한 연결 고리가 되어, 그날의 방향과 속도, 그리고 삶의 모든 호흡을 결정지어주는 것을 체감한다. 천천히 움직이는 시간은 곧 기도 시간이 된다. 바쁜 일상에서도 얼마든지 기도의 공간을 만들 수 있다는 것은 쉬지 않는 기도의 장점이다.

🌿 쉬지 않는 기도, 부활의 은혜처럼

"달리다굼, 소녀야, 일어나라." 예수님이 죽은 소녀를 일으키신 그 말씀이 매일 아침 나에게도 들리는 것 같다. 밤새 누워 있던 나를 하나님은 부활의 은혜로 일으켜 세우신다. 매일 아침을 부활의 아침처럼 맞이하는 것이다. 어제의 나는 죽고, 오늘 새롭게 태어난다는 영적 고백과 함께, 매일이 주님 안에서 은혜로 깨어나는 시간이 된다. 그리고 나는 사도신경의 고백으로, 예수 그리스도에 대한 흔들림 없는 믿음으로, 성령 충만을 구하는 간절한 마음으로 또 하루를 시작한다. 그 하루는 주님과 기도로 이어지고, 순간마다 그분과 동행하며 아름다운 은혜의 흐름 속에서 흘러간다. 이처럼 나의 아침의 '쉬지 않는 기도'는 단순한 의무가 아닌, 주님과의 '마음이 닿는 소통'으로 흐르고 있다. 과거에 바쁘게만 하루를 시작하던 때와는 비교할 수 없을 만큼 깊은 영적 민감도와 관계의 친밀함을 경험하고 있다.

2장

정오에 드리는 십계명 기도
: 바쁜 삶 속의 거룩한 나침반

정오, 이 시간은 내게 특별한 의미를 지닌다. 오전 내내 쉼 없이 달려온 하루 일정에서 잠시 숨을 고르는 순간이다. 많은 사람을 만나고, 산적한 업무를 처리하며, 끊임없이 걸려오는 전화와 약속들 속에서 정신없이 흘러가던 시간. 바로 그 중간 지점인 정오는 잠시 멈추어 나를 찾고 나를 회복하고 싶은 마음이 간절해지는 때다. 신체적으로는 지쳐가고, 감정적으로는 복잡해질 수 있는 때이지만, 영적으로는 다시 중심을 잡아야 할 전환점인 셈이다. 바쁜 흐름 속에 잠시 멈추고 나를 회복하고 싶은 마음, 그것이 바로 정오 기도의 시작점이 되었다.

❦ 십계명 묵상으로 시작된 깊은 동행

정오 시간에 십계명[1]을 묵상하고 고백하게 된 계기는 2년 전 서초성결교회 원로목사이신 김석년 목사님과의 만남에서 시작되었다. 그분과의 만남과 간증을 통해, 평생 주님과 동행하며 살아가고자 하는 나의 간절한 소망이 비로소 현실로 이루어질 것 같은 깊은 감동을 받았다. '아, 이것이 쉬지 않는 기도구나. 내가 직접 실천해 보고, 주님과 동행하는 삶을 경험한 뒤, 이 귀한 것을 우리 성도들에게도 전해주어야겠다'는 마음이 솟구쳤다. 내가 주님과 동행하고, 나처럼 주님과 함께 살고 동행하고자 하는 이들이 쉽게 따라 할 수 있는 루틴이 된다면 더할 나위 없이 좋겠다는 생각이 들었다. 그렇게 '쉬지 않는 기도'의 루틴을 따라 정오에 십계명을 묵상하는 기도를 시작하게 되었다. 김석년 목사와의 만남, 그리고 평생 주님과 동행하고자 한 갈망이 '쉬지 않는 기도'를 실제 삶으로 받아들인 계기가 되었던 것이다. 그 감동과 실천이 다른 이들에게도 전해지기를 소망하는 마음은 지금도 변함이 없다.

---

1) 십계명(十誡命, Ten Commandments)은 하나님께서 이스라엘 백성에게 주신 도덕적 영적 삶의 기준이다. 모세가 시내산에서 하나님에게 받은 율법의 핵심으로, 구약성경 출애굽기 20장과 신명기 5장에 기록되어 있다. 하나님 사랑과 이웃 사랑의 두 축을 따라 구성되어 있으며, 기독교 윤리의 기초로 간주된다.

✘ 십계명, 삶의 경계와 방향을 제시하다

십계명은 단순한 율법 조항이 아니다. 그것은 인류가 하나님의 사람답게 살게 하는, 하나님의 마음과 뜻이 고스란히 담겨 있는 거룩한 말씀이다. 나는 정오마다 십계명을 묵상하며 하나님의 마음과 뜻을 알고 이를 실천함으로 하나님, 그리고 이웃과 동행하며 살아가기를 간절히 원한다. 그래서 제1계명인 "나 외에 다른 신을 섬기지 말라"는 말씀부터 제5계명인 이웃, 특별히 부모를 향한 사랑과 공동체를 향한 하나님의 마음과 뜻을 되새긴다. 십계명의 모든 계명은 내가 하나님과 이웃과의 관계에서 어떻게 살아야 할지 명확한 경계와 올바른 방향을 알려준다. 만남과 쉼, 식사와 일이라는 일상의 무더기 속에서 가장 바쁜 시간에, 이 십계명을 통해 내 삶의 경계와 방향을 결정할 수 있다는 것은 참으로 놀라운 기도의 축복이다. 십계명을 단지 외우는 것이 아니라, 하나님과 이웃 사이에서 내가 어떻게 살아야 할지를 조율하는 중심점으로 삼는 삶은 진정한 영적 성숙을 가져온다.

❦ 십계명 묵상이 가져온 변화와 유익

십계명을 반복적으로 읊조리며 나는 내면에서 놀라운 변화와 유익을 경험하게 된다. 가끔 일에 대한 욕심이 과하게 생겨날 때, 십계명은 나를 멈추게 한다. "네 이웃의 것을 탐내지 말라"는 계명 앞에서, 어디까지가 올바른 성공을 향한 열정이고, 어디부터가 탐심인지 스스로를 점검하게 된다. 십계명을 통해 연로하신 부모님을 돌아보는 것과 이웃을 향한 욕심의 내려놓음을 결단할 수 있는 계기가 매번 만들어진다. 탐심에 대한 절제, 그리고 매사를 지켜보시는 하나님의 눈을 의식하게 되는 것은 나를 더욱 겸손하게 만든다. 십계명을 통한 묵상은 내면의 탐심을 절제하고, 부모와 이웃을 돌아보게 하는 영적인 자각의 계기가 되어 준다.

❦ 정오 기도의 특별함 : 삶의 항해를 위한 조타 장치

정오의 기도는 아침이나 저녁 기도와는 사뭇 다르게 느껴진다. 아침 기도가 하루를 여는 거룩한 선언이라면, 저녁 기도는 하루를 마무리하며 감사와 회개로 채우는 시간이다. 정오의 기도는 하루의 한가운데서 이루어지기에, 때로는 집중도가 떨어지기도 한다. 하지만 바쁜 생활에서도 거룩을 향한 바른 방향을 잡을 수 있다는 것은 주님을 향한 나의 삶에서 되돌아가지 않을 수 있는 굳건한 항해를 가능하게 한다. 비록 집중도는 떨어질 수 있어도, 그 짧은 기도로 거룩을 향한 방향을 놓치지 않게 된다. 정오의 기도는 마치 삶이라는 항해의 조타 장치처럼 작용하여, 언제나 올바른 방향으로 나아가도록 이끌어준다.

십계명을 삶에 적용하면서 특별히 도전되었던 경험도 있다. 사실 일상생활을 하면서 십계명이 불편했던 적도 있었다. 일을 확장하는 데서 "네 이웃의 것을 탐내지 말라"는 계명에 대하여, 어디까지가 탐심이고 어디까지가 정당한 성공인지, 이 일을 이루기 위해 어떻게 이웃과 조정해야 하는지 등의 갈등에 사로잡히기도 했다. 성공과 탐심 사이에서의 긴장. 또한 "삼가 하나님의 이름을 망령되이 일컫지 말라"는 계명 앞에서, 나의 교만 때문에 혹시 주님의 이름이 더럽혀지는 것은 아닌가 하며 회개하는 마음을 갖기도 했다. 이 모든 것은 십계명이 단순한 명령이 아니라 내 삶을 성찰하게 하는 거울이라는 사실을 잘 보여준다.

🌿 정오 기도가 주는 코람데오의 기쁨

가끔 정오의 기도를 놓칠 때, 나는 단순히 기도를 걸렀다는 생각보다 더 깊은 빈자리를 느낀다. 회개라는 것은 하나님께 돌아가는 것이다. 그래서 회개의 자리는 하나님께 돌아가는 자리다. 나는 나의 생각, 나의 삶, 나의 생활, 나의 감정, 나의 계획조차도 하나님께 방향을 돌리고, 나의 자리를 하나님 앞에서의 자리 곧 '코람데오'(Coram Deo)[2]의 자리로 되돌려 살아가고 싶다. 정오의 기도를 놓친다는 것은 율법적이거나 규칙적인 것에 관한 문제가 아니다. 그것은 내가 지금 '코람데오'로 살아가는가 하는 질문과 직면하는 것이다. 물론 정오의 기도를 놓쳐도 나는 여전히 '코람데오'로 살아간다. 하지만 정오의 기도는 나를 더욱 회개의 자리로 돌아가게 하고, 또 더 크고 깊은 기쁨을 준다. 십계명을 통한 정오 기도는 내가 하나님과 함께하고 있음을, 예수님과 동행하고 있음을 확인하는 순간이기 때문이다.

---

2) '코람데오'(Coram Deo)는 라틴어로 '하나님 앞에서' 또는 '하나님의 얼굴 앞에서'라는 뜻이다. '코람'(coram)은 '~ 앞에서', '데오'(Deo)는 '하나님'이라는 의미이며, 이를 결합하면 '하나님의 임재 앞에서', 곧 항상 하나님이 보고 계심을 의식하며 살아가는 것을 의미한다.

✒ 십계명과 말씀의 연결: 일상의 살아 있는 예배

십계명을 기도로 사용할 때, 말씀과의 연결은 매우 유기적으로 이루어진다. 십계명의 10가지 계명에서 먼저 핵심을 암기한다. 그리고 그 내용 가운데 있는 말씀의 일부분이나 중심 문구를 가지고 기도한다. 특별한 규칙은 없다. 십계명의 내용을 묵상하면서 떠오르는 말씀을 가지고 기도한다. 때로는 짧게 기도할 수도 있고, 어느 때는 20분 이상 길어질 때도 있다. 그래서 점심시간 전후로 홀로 있는 차 안에서, 또는 산책하는 시간에 걸으면서 기도하기도 한다. 하지만 커피 향과 함께 자연스럽게 부모님을 생각하면서 전화 한 통을 건다. "어머니! 저예요." 이 순간, '네 부모를 공경하라'는 말씀이 살아 있는 기도가 되는 것을 경험한다. 십계명을 단순한 암기에서 멈추지 않고, 그 핵심 문구를 붙잡고 성령의 인도하심에 따라 기도로 흐르게 한다. 특히, 커피 향과 함께 어머니께 전화하는 순간, '네 부모를 공경하라'는 말씀이 기도가 되는 것은 일상과 말씀, 기도가 하나로 이어지는 살아 있는 예배로서 손색이 없다.

✒ 정오 기도, 다시 중심을 잡는 시간

정오의 기도를 통해 하나님과의 관계는 더욱 바르게 정비된다. 마음의 자세와 하나님을 인식한다는 점에서 다시 중심을 잡았다는 확신을 얻는다. 짧지만 분명한 이 고백은 십계명을 통한 정오의 기도가 왜 꼭 필요한지, 그 이유를 정확히 설명해 준다.

앞으로도 정오에 드리는 기도를 더 깊이 하고 싶다. 식사 후 잠깐 홀로 있는 시간이 나에게는 가장 좋은 시간이다. 그 시간을 오롯이 주님께 드릴 수 있기를 소망한다. 그리고 다시는 주님을 놓치지 않으리라는 마음을 다진다. '주님을 놓치지 않으리라'는 결단은 정오의 짧은 시간 속에서도 동행의 끈을 다시 단단히 묶는 믿음의 고백이 되기 때문이다. 많은 믿음의 식구들이 식사 후 잠깐 홀로 있는 시간을 하나님을 다시 붙드는 은혜의 시간으로 사용하길 소망한다.

3장

밤의 기도, 주기도문 안에서 잠들다
: 코람데오의 안식

하루가 저물어가는 시간, 나는 나만의 가장 은밀하고 성스러운 공간으로 들어간다. 아무도 나를 건드릴 수 없는 취침 시간, 바로 그 직전이다. 이 시간이 되면 자연스레 하나님을 부른다. "하늘에 계신 우리 아버지, 멀리 저 우주 끝에 계신 분이 아니라, 내 옆에 계신 듯 가까이 느껴지는 나의 아버지, 지금 내가 아버지를 부릅니다. 오늘 나의 하루가 하나님 보시기에 어땠나요?" 그렇게 하나님과 이야기하다 잠이 든다. 이 고백은 단지 기도가 아니라, 아버지와의 깊은 대화로 들어가는 침묵의 초대처럼 느껴진다. 기도하며 잠드는 삶은 가장 평안한 동행의 표현이다. 주기도문3)으로 하루를 마무리하는 루틴은 '쉬지 않는 기도'를 처음 만났을 때부터 자연스럽게 자리 잡았다. 하루를 정리하며 하나님 앞에 온전히 돌아가는 이 시간, 그 정점에는 주기도문이 있다. 사람은 누구나 잠을 잔다. 그 잠자는 시간을 주님과 함께 마무리할 수 있다는 것이 얼마나 큰 축복인가! 이처럼 잠자는 시간을 주님과 마무리하는 것이야말로 쉬지 않는 기도의 지혜다. 꿈속에서조차 주님의 보호하심을 느낄 수 있는 거룩한 기도, 그것이 바로 밤의 기도다.

✿ "나라가 임하시오며": 잠들지 않는 하나님의 역사

나의 경우 주기도문을 고백하며 가장 깊이 와닿는 구절은 "나라가 임하시오며"다. 하나님의 나라가 나의 인생의 자리에, 그리고 지금 이 자리에 온전히 이루어지게 해달라는 간구다. 나는 비록 눈을 감고 쉬고 있지만, 잠들지 않는 하나님의 역사로 인해 내가 잠자는 동안에도 하늘의 뜻이 이 땅에서 이루어지게 해달라고 기도한다.

---

3) 하나님 나라와 일상을 위한 예수님의 모범 기도로서 마태복음 6장 9-13절과, 누가복음 11장 2-4절에 기록되어 있다.

"내가 눈을 감고 있을 때도 하나님의 나라가 이 땅에 이루어지게 하소서." 주기도문은 그저 주문처럼 외우는 기도문이 아니다. 이 기도는 믿는 자들의 고백이요, 삶의 기도이며, 하나님 나라를 향한 간절한 청원이다.

기도로 회복되는 삶의 영역들

하루의 사건들을 주님께 맡기는 기도를 할 때, 내면에서 놀라운 회복을 경험한다. 마음이 안정되고, 온갖 생각조차도 하나님께 온전히 맡기는 시간이 된다. 복잡했던 관계의 문제들도 주님께서 친히 일하시리라 믿으며 지혜를 주시리라 확신한다. 영혼의 깊은 문제들 또한 하나님이 친히 어루만지시고 치료하시리라 믿는다. 그렇게 모든 것을 맡기고 잠이 들면, 내일 아침 새로운 몸과 마음, 새로운 생각과 은혜로 가득 찬 하루가 시작되리라는 믿음이 가슴을 벅차게 한다. 그리고 그 평안함 속에서 편안하게 잠자리에 든다. 하나님께 맡긴다는 것은 단지 기도를 마치는 것이 아니다. 내일을 은혜로 맞을 준비를 하는 것이다. 잠들기 전, 회복과 기대가 동시에 밀려오는 은혜의 시간을 누린다.

나에게서 '하늘에 계신 우리 아버지'의 의미

"하늘에 계신 우리 아버지여"라는 부름은 내게 특별한 의미를 지닌다. 하늘은 단순히 저 우주 끝을 의미한다고 생각하지 않는다. 신학교를 졸업하고 중국 선교를 가기 전, 인천에 있는 한 교회 지하 소예배실에서 매일 온종일 깊이 기도한 적이 있다. 그때 나는 하나님이 계신 하늘을 체험했다. 개인적인 체험이긴 하지만 지금도 잊을 수가 없다. 기도에 깊이 빠져 하나님 아버지를 불렀을 때, 나의 기도가 하늘로 올라가는 것을 보았다. 어둠을 뚫고 하나님께 상달되었는데, 우주와 같은 공간을 지나간 시간은 단 1초도 되지 않았다. 내가 느끼기에 그 어둠의 공간은 거리가 상당히 멀었으나, 기도의 속도는 빛보다 빨랐다. 그리고 바로 응답하셨다. 내 마음의 평안은 그 어느 때보다도 강했다. 그리고 중국 선교를 '아멘' 하며 결단했다. 하늘은 하나님이 계신 곳이다. 그곳은 멀지만 가까운 곳이다. 그 하늘에 계신 우리 아버지시다. 여기서 '우리'는 나만의 하나님이 아니라는 것을 매번 새삼스럽게 느끼게 한다. 어릴 적에는 나만의 하나님을 찾았는데, 하나님께 가까이 가면 갈수록 하나님은 '우리'의 하나님이라는 것이 보인다. 이를 통해 주기도문의 고백은 공동체적 고백임을 알 수 있다.

🌿 용서의 기도, 나를 살리는 은혜

주기도문 중 "우리가 우리에게 죄 지은 자를 사하여 준 것같이"라는 고백은 하루를 마무리하는 데 중요한 부분이다. 일흔 번씩 일곱 번이라도 용서하라는 주님의 말씀에 대한 순종은 나를 살리고, 상대방을 살릴 뿐 아니라, 하나님의 선한 뜻을 이루게 한다. 내가 하나님 앞에서 예수님을 통하여 용서받았는데 무슨 할 말이 있겠는가? 용서의 용기와 실천은 성령의 은혜가 아니고서는 주어질 수 없기에, 이것 또한 하나님의 은혜다. 용서는 나를 살리고, 상대방도 살리고, 하나님의 뜻도 살린다.

🌿 "시험에 들게 하지 마시옵고": 간절한 사명의 기도

"시험에 들게 하지 마시옵고." 내가 주님께 받은 사명이 있음에도, 생활의 곤고함이나 관계의 어려움, 명예나 권력에 대한 욕심으로 인해 심각한 갈등이 있을 때 이 고백이 가장 절실해진다. 시험에 들지 않도록 환경을 조정해 달라고 요청하거나, 환경과 권력에 의해 어쩔 수 없는 상황에 이르러서도 주님의 은혜를 간구하며 이 간절한 기도가 마음속으로부터 나온다. "하나님! 하나님의 은혜 없이는 난 하루도 살 수 없습니다. 시험에 들게 하지 마시옵고…" 사명과 현실의 충돌, 명예와 권력 앞에서의 흔들림, 그 속에서 환경을 바꿔달라는 기도가 아닌, 마음을 지켜달라는 기도가 진정한 동행의 본질임을 느낀다.

✿ 기도로 마무리하지 못한 밤, 그럼에도 계속되는 주님의 중보

어느 날은 잠들 때 "하늘에 계신"까지만 기도한 기억이 날 때가 있다. 기도를 다 하지 못하고 잠이 든 것이다. 하지만 나는 안다. 내가 끝내지 못한 기도도 주님은 계속 하고 계신다는 것을. 피곤한 몸과 마음, 지친 나를 대신하여 충분히 기도하시는 우리 예수님이 계시다는 것을. 누군가 나를 위하여 기도한다. 그는 틀림없이 나를 사랑하시고 응원하시며 격려하는 나의 주님이시다. 내가 끝내지 못한 기도도 주님은 계속 하고 계신다. 내가 왜 기도하지 못했는지까지도 주님은 아시기 때문이다. 내 입술은 피곤함으로 기도를 멈추었지만, 내 영은 계속 기도하고 있었다는 것을 우리 주님은 아신다. 기도는 우리의 노력 이전에 주님의 사랑과 중보하심에 대한, 놀라운 신앙 고백이다. '하늘에 계신'까지만 겨우 속삭이고 잠들었지만, 그 순간에도 내 영은 기도하고 있고, 주님도 나를 위해 기도하신다.

밤의 기도: 다음 날을 준비하는 믿음의 씨앗

잠자리에 들기 전 떠올리는 기도 제목은 개인적인 것, 가족에 관한 것, 그리고 큰 사건과 이슈가 된 일, 선교지에서 일어난 일과 같이 광범위하다. 그 모든 기도 제목을 주기도문 속에 포개어 드리며 잠드는 삶이 얼마나 복된지 다시금 느끼게 된다. 기도는 하루의 마지막 생각이고, 다음 날을 준비하는 믿음의 씨앗이 된다.

주기도문을 통한 밤의 기도 또한 형식은 없다. 시간도 정해져 있지 않다. 여러 기도문 샘플은 있지만, 가장 중요한 것은 하나님을 만나는 것이다. 내 안의 성령님의 따스함을 느끼며 잠드는 것이다. 주님과 동행하는 시간, 주님의 미소를 보는 시간이다. 밤의 기도를 통해 나는 하나님의 숨결을 느낀다. 어제도, 오늘도, 내일도 변함없이 일하시는 하나님, 나의 깊은 잠 속에서도 쉬지 않고 역사하시는 그분을 믿으며 평안히 새근새근 잠든다. 밤의 기도는 단순한 종교적 행위가 아니라, 인격적인 하나님과의 교제를 갈망하고 누리는 삶 그 자체다.

4장

순간의 기도가 만드는 기적, 마디 기도

일상에서 나는 수많은 순간을 마주한다. 아침의 분주함 속에서, 고요한 오후의 묵상 속에서, 때로는 깊은 탄식이나 환희 속에서. 그 모든 순간에 자연스럽게 흘러나오는 짧은 기도의 힘은 실로 놀랍다. '쉬지 않는 기도'에서 전승되어 온 이 짧은 기도를 '마디 기도'라고 부른다. 이 마디 기도는 크게 네 가지로 나뉜다. "하나님 아버지" "예수 그리스도시여" "끼리에 엘레이손"(나를 긍휼히 여기소서) 그리고 "파라클레토스"(보혜사 성령님)다. 짧은 이 네 마디가 내게는 기도의 호흡이자 박동처럼 느껴진다.

'하나님 아버지'는 관계의 시작이고, '예수 그리스도시여'는 구원의 이름이며, '끼리에 엘레이손'은 긍휼의 간청이고, '파라클레토스'는 도움을 구하는 절규다. 이 마디 기도는 성도들도 쉽게 따라 하고 삶에 적용할 수 있는 기도 루틴이 될 것이라고 확신한다.

마디 기도의 성경적 뿌리

마디 기도는 모두 성경적인 근거를 가지고 있다. '하나님 아버지'는 주기도문의 시작(마 6:9)[4]에서 발견할 수 있고, '예수 그리스도시여'는 간절한 부르짖음(마 15:22)[5]에서 볼 수 있으며, '보혜사 성령님'(파라클레토스)은 예수님이 약속하신 성령님의 이름(요 14:16)[6]에서 찾을 수 있다. 이렇게 삼위일체 하나님을 각각의 이름으로 부르는 것, 즉 그 이름 자체가 기도가 되는 것이다. 이는 단순한 반복이 아닌, 나와 하나님 사이의 깊은 관계적 고백이다. 또한 '주여! 자비를 베푸소서'

---

4) "그러므로 너희는 이렇게 기도하라 하늘에 계신 우리 아버지여 이름이 거룩히 여김을 받으시오며."
5) "가나안 여자 하나가 그 지경에서 나와서 소리 질러 이르되 주 다윗의 자손이여 나를 불쌍히 여기소서 내 딸이 흉악하게 귀신 들렸나이다 하되."
6) "내가 아버지께 구하겠으니 그가 또 다른 보혜사를 너희에게 주사 영원토록 너희와 함께 있게 하리니."

(끼리에 엘레이손)는 시편 6편 2-4절[7]과 마태복음 17장 15절[8]에 뿌리를 두고 있다. 이처럼 탄탄한 신학적, 성경적 기초 위에 세워진 마디 기도는 삶의 모든 순간을 기도로 연결하는 든든한 기반이 되어준다.

🕊 성령님의 도우심을 구하는 순간

이 중 "보혜사 성령님, 도와주세요"라고 기도하게 되는 순간은 주로 내게 깊은 피로감과 혼란이 밀려올 때다. "나를 돕기 위해 내 옆에 늘 계시는 보혜사 성령님! 나는 지금 너무나 피곤하고 지쳐 있습니다. 사역을 감당할 새 힘을 주세요"라고 간구한다. 성령께서는 놀랍게도 어김없이 새 힘을 주신다. 이 기도는 단순한 요청이 아니다. 그것은 나의 모든 것을 주님께 의탁하는 간절한 외침이다. "보혜사 성령님"이라는 그 부름 자체가 지친 몸과 혼란한 마음을 붙드는 구원의 손길이 되는 것을 매번 경험한다. 성령님을 부르면 실제로 새

---

[7] "Ἐλέησόν με, Κύριε, ὅτι ἀσθενής εἰμι· ἴασαί με, Κύριε, ὅτι ἐταράχθη τὰ ὀστᾶ μου."(시 6:2, LXX). "주여, 나를 불쌍히 여기소서. 내가 연약하오니, 주여, 나를 고치소서. 내 뼈들이 떨립니다."
[8] "Κύριε, ἐλέησόν μου τὸν υἱόν"(개역개정, Nestle-Aland 28판 기준). "주여 내 아들을 불쌍히 여기소서."

힘이 생기는 이 경험은 많은 이에게 실제적이고 살아 있는 성령 체험의 길을 보여줄 것이라고 믿는다.

☙ 마디 기도가 가져오는 기적 같은 위로와 지혜

내가 감당하기 어려울 상황이 되면 나는 즉시 기도한다. "하나님 아버지!" 내 마음에서 용기가 사라지고 무기력해질 때면 예수님을 부른다. 그러면 "내게 능력 주시는 자 안에서 내가 모든 것을 할 수 있느니라"(빌 4:13)라는 말씀이 떠오르며 실제적인 위로와 지혜가 주어진다. 이 간결한 고백에 참된 능력과 응답의 체험이 녹아 있다. "하나님 아버지!"는 용기가 사라질 때 부르는 보호자의 이름이고, "예수님!"은 무기력할 때 다시 살아나게 하는 생명의 이름이다. 이 짧은 기도가 어떻게 말씀과 연결되고, 실제 삶의 위기에서 즉각적인 회복의 문을 여는 열쇠가 되는지를 나는 분명히 경험하고 있다.

말로 기도하지 못하고 마음으로만 속삭였을 때도 하나님께서 내 기도를 들으신다고 느꼈던 적이 수없이 많다. 그렇게 마음으로 속삭였음에도 그 소리가 어느 때는 소리 내어 부르짖는 기도보다 더 큰 기도의 소리가 된다. 가슴을 찢으며 기도해 본 적이 있는가? 그렇게 가슴을 찢으며 부르짖어 기도하면 가슴이 열리고, 하늘이 열리며, 영안이 열리는 것을 체험하게 된다.

✿ 호흡처럼 자연스러운 기도의 습관

간절함과 사모함보다 더 큰 훈련이 있을까. 예수님과 함께 일상을 살아가고자 하는 간절한 마음, 주님과 동행하고자 하는 사모함은 매 순간 주님의 이름을, 하나님의 이름을, 성령님의 이름을 부르게 한다. 기도는 결국 훈련이 아니라 사랑이고, 그리움이며, 동행에의 갈망이다. 그 사모함이 깊어질수록, 하나님의 이름을 부르는 짧은 기도는 나의 호흡처럼, 숨결처럼 자연스럽게 흘러나온다. 그 시간은 내가 하나님을 의식하는 순간이며, 하나님께 온전히 돌아가는 시간이다.

오래전에 소천하신 할머니는 내가 어릴 적부터 나를 업고 교회에 기도하러 다니셨다. 지금 생각해 보면 그 강단, 십자가, 습한 나무 냄새…그곳이 바로 교회였다. 할머니는 말끝마다 한숨을 쉬면서 이렇게 말씀하셨다. "아버지~" 한숨을 감추기 위해서 그러는 건지 답답해서 그러는 건지, 어린 나는 잘 몰랐지만, 그것은 한숨 섞인 '아버지'였다. 하나님 아버지를 부르셨던 것이다. 이제는 그 마음을 온전히 이해한다. 나도 하나님 아버지를 찾는다. 능력의 하나님께서 나를 도와달라고, 하나님 아버지를 부를 때가 많다. 구원이 필요한 사건이나 사람을 볼 때, 예수님을 찾는다. 피곤하고, 지치고, 감정을 억제하지 못할 것 같은 위기에 보혜사 성령님을 부르며 도움을 요청한다. 구체적으로 구분되어 있지는 않지만, 그때마다 자연스럽게 하나님을, 나의 도움이신 하나님을 부르게 된다. 습한 나무 냄새와 십자가가 있던 그 교회, 그곳에서 들리던 할머니의 한숨 섞인 "아버지~" 어린 시절에는 다 이해하지 못했던 그 기도가 이제는 삶에서 자연스럽게 흘러나오는 나의 기도가 되었다.

"아버지"라는 한 마디 기도가 내게 특별한 응답의 기도가 되었던 때가 있었다. 하나님을 의지하며 "아버지"라고 불렀을 때, 그것은 도움을 요청하고 아버지를 의지하는 간절한 마음, 그리고 나를 사랑하시는 그분의 마음이 느껴지는 심정으로 기도하는 것이고, 그럴 때 하나님께서 응답하시고 역사하시고 만나주시고 인도해 주시는 것을 경험한다. 단 한 마디 '아버지'라는 그 말에 대한 응답으로 "내 아들아"라는 음성을 들으면, 모든 것이 완전하게 느껴지곤 한다. 그런 순간들은 하나님과 깊이 만나는 체험이 된다.

이러한 마디 기도는 삶의 리듬과 감정에 지대한 영향을 준다. 마디 기도를 통해 삶 전체가 하나님과 이어지는 것을 느낄 수 있다. 또한 그 한마디 한마디를 통해 주님과 동행한다는 느낌으로 일상을 살게 된다. 이것이 바로 주님과 동행하는 삶이라 생각한다.

마디 기도로 변화되는 삶의 모습

마디 기도는 "하나님 아버지" "예수 그리스도" "보혜사 성령님" "주여 나를 긍휼히 여기소서"(끼리에 엘레이손)라는 네 가지 구절로 드리는 기도다. 하나님의 말씀을 묵상하고 연구하며 읽는 중에 내게 감동을 주시고, 은혜를 주시며, 나를 이끄시는 말씀이 있다면, 그것을 이 마디 기도의 흐름 속에 하나씩 더해갈 수 있다. 그렇게 내 삶의 모든 부분과 일상의 마디마디가 전 일생을 통하여 하나님과 동행하며 함께하는 삶이 되기를 바란다. 우리는 이렇게 예수님을 점점 더 닮아가게 될 것이다.

나는 성도들이 이 마디 기도를 통하여 공부하고 일하고 살아가는 그 모든 일상에서 주님을 만나기를 원한다. 주님을 만나고, 주님을 보고, 주님을 만짐으로 그들의 삶이 행복해지기를 바란다. 또한 세상의 어려움을 만났을 때 골리앗을 향해 돌을 던졌던 다윗처럼 용기를 갖기를 바란다. 하나님이 살아계시고, 예수님이 살아계시며, 성령님이 오늘도 역사하신다는 것을 그대로 보여주고 느끼게 하고 싶다.

마디 기도가 쌓여 삶을 변화시키다

내 삶에서 마디 기도는 단순한 종교적 행위를 넘어, 매 순간 하나님께로 돌아가는 회개의 과정이자 동행의 핵심이 되었다. 바쁜 일상에서 세상적인 일들, 사람들, 그리고 수많은 미디어에 노출될 때마다, 나는 마디 기도를 통해 내 마음과 생각, 일정과 계획, 나아가 내 인생 전체의 방향을 하나님께로 돌린다. 이처럼 마디 기도를 지속적으로 드리면서, 순간순간 하나님께 돌아가는 회개의 마음을 갖게 된다. 세상에서 다시 하나님께 시선을 돌리는 이 과정이야말로 주님과 함께 살아가는 삶의 가장 핵심적인 모습이라고 생각한다.

내 삶에 스며든 마디 기도

내 일상에서 가장 자주 사용하는 마디 기도는 단연 "하나님 아버지"다. 아버지를 의지하고 부르는 이 기도가 내 입술에 가장 많이 맴돈다. 때로는 "파라클레토스", 곧 나를 좀 도와달라고 간절히 구한다. 내가 힘들어 지쳐 있을 때, 머리가 복잡하고 아플 때, 너무나 일정이 바쁠 때면 나를 도우시려 내 옆에 계신 보혜사 성령님을 부르며 도움을 요청한다. 이어 "끼리에 엘레이손, 나를 긍휼히 여겨주소서, 내 부족함을 채워주소서" 하면서 주님께 구하는 기도가 그다음으로 많다. 이렇게 자주 사용하는 마디 기도들을 통해 나는 하나님 아버지를 의지하고, 성령님께 도움을 구하고, 주님의 긍휼하심을 간구하며 하나님과 친밀하게 동행한다.

✒ 마디 기도를 통한 기적 같은 변화

특별한 일들은 아니지만, 일상에서 마디 기도가 가져오는 놀라운 변화를 자주 경험한다. 연구를 하거나 집중적으로 책을 쓰거나 어떤 업무를 처리할 때, 두세 시간 집중하다 보면 머리가 아프고 몸도 피곤해지며 나른해질 때가 있다. 그럴 때마다 "보혜사 성령님"이라고 간구하면 신기하게도 정신이 조금 맑아진다.

그뿐이 아니다. 간혹 마음이 복잡하거나, 업무 스트레스가 심하거나, 심지어 사람을 미워하게 될 때도 있다. 특히 미운 감정이 아니어도 상당히 기분이 나쁘거나 감정이 상할때도 있다. 그러나 목회자로서 그런 감정이 있다는 것은 설교할 때도, 사람을 대할 때도 도움이 되지 않는다. 그래서 그럴 때 나는 나 자신을 돌아보며 주님 앞에 나아간다. "주님, 나를 긍휼히 여겨주옵소서. 내가 이렇게 부족합니다" 하며 주님을 의지할 때, 내 마음이 녹는 것을 경험한다. 용서할 수 없던 마음이 용서할 수 있는 마음으로 변화되는 것, 미워하던 마음이 질서정연하게 정돈되는 것, 그 사람의 마음이라는 우주에 질서가 잡히는 것. 이런 것들 자체가 나는 기적이라고 생각한다. 마디 기도를 통해 마음이 녹고, 용서할 수 있는 마음으로 변화되는 것, 그리고 마음의 질서가 잡히는 것이야말로 정말 일상에서 경험하는 기적이다.

✤ 공동체에 흐르는 마디 기도의 영향력

나는 마디 기도를 교회에서 성도들에게 강의를 통해 전하고 있다. 주일 오전이나 오후 예배 시간에 '쉬지 않는 기도'에 대한 강의를 하며 성도들과 함께 실천하고, 간증을 나누는 시간을 갖는다. 매

주 광고 시간에도 "우리 쉬지 않는 기도를 통해 주님과 동행하는 훈련을 합시다. 예수님을 닮아가는 그런 루틴을 만듭시다"라고 강조한다. 그 결과, 아직 초기이지만 너무나 삶이 기쁘고, 마음이 견고해지며, 삶에서 하나님께서 만지시는 경험을 한다는 성도들의 간증을 듣기도 한다. 마디 기도를 강의를 통해 전하고, 함께 실천하며, 성도들의 간증까지 듣는 과정에서 얼마나 많은 분이 하나님과의 동행을 더 깊이 경험하게 되었을지 충분히 짐작할 수 있다. 이렇게 나눈 마디 기도가 우리 공동체에 큰 영향을 주고 있다는 사실에 감사하다.

✽ 지속적인 마디 기도를 위한 실천 방법

우리는 마디 기도를 꾸준히 이어가기 위해 몇 가지 습관과 방법을 사용한다. 첫 번째는 '쉬지 않는 기도'의 루틴을 계속해서 가르치고 이야기하며 서로 간증을 나누는 것이다. 이는 공동체 안에서 기도의 불씨를 계속 지피는 역할을 한다. 두 번째는 의도적으로 하루 동안 이 마디 기도를 지속적으로 하는 것이다. 이를 위해서는 훈련이 필요하다. 모든 생활에서 순간순간마다 "하나님 아버지" "끼리에 엘레이손" "예수 그리스도시여" "파라클레토스"의 기도를 지속적으로 드리는 것이다. 차를 타고 운전할 때도, 화장실에 있을 때도 일상의 마디마디를 통해 계속해서 말한다. 때로는 냉장고나 화장실 등 눈에 보이는 곳에 기도문을 붙여두고 상기하며 훈련한다.

삶의 우선순위를 쉬지 않는 기도와 마디 기도에 둔다면 그것을 지속적으로 실천할 것이고, 그러면 그것이 1년, 2년 시간이 지나면서 삶의 아름다운 습관이자 좋은 루틴으로 만들어질 것이라 믿는다. 마디 기도를 생활에서 꾸준히 의도적으로 실천하고, 눈에 보이는 곳에 붙여두어 상기하며 시간이 지남에 따라 자연스럽게 삶의 일부로 만들어가는 것이 정말 중요하다. 이렇게 형성된 마디 기도 습관은 결국 하나님과의 동행을 더욱 깊어지게 하고, 삶의 우선순위를 바로 세우는 데 큰 도움이 된다.

✋ 마디 기도로 깊어진 하나님과의 동행

나는 마디 기도를 통해 하나님과 동행하는 삶이 이전과 확연히 달라졌다. 과거에도 하나님과 동행하려고 노력했고, 그렇게 살아갔으며, 한순간도 하나님을 떠나지 않으려는 노력과 방법을 추구했었다. 그런데 이 루틴을 가지고 실천해 보니, 정말 더 쉽게 하나님과 동행할 수 있게 되었다. 우왕좌왕하지 않고 하나님 안에서 예수님과 동행하는 이 삶을 체계적으로 더 쉽게, 습관적으로, 루틴으로 만들어 살아갈 수 있게 되었다. 처음에는 단순히 습관이나 율법적인 행위가 되지는 않을까 염려했지만, 오히려 자유함을 경험한다. 기도를 해도 되고 안 해도 되는 자유함 속에서, 정해진 시간 없이 이 마디 기도를 순간순간 이어가면서 자연스럽게 주님을 찾고 주님과 동행하려는 마음이 드는 것이다. 그래서 "구하라 그리하면 너희에게 주실 것이요 찾으라 그리하면 찾아낼 것이요 문을 두드리라 그리하면 너희에게 열릴 것이니"(마 7:7)라는 말씀이 응답되는 것을 삶의 현장에서 보게 된다.

AI 시대의 그리스도인들이 이 마디 기도를 통하여 공부하고 일하고 살아가는 그 모든 일상에서 주님을 만나기를 간절히 원한다. 주님을 만나고, 주님을 보고, 주님을 만져 그들의 삶이 행복해지기를 바란다. 또한 세상의 어려움을 만났을 때 골리앗을 향해 돌을 던졌던 다윗처럼 용기를 갖기를 바란다. 이 땅에 하나님과 동행하는 천국이 이루어지는 것을 그들도 경험하기를 원한다. 그래서 신앙이 형식이 아니라 삶이고 진짜라는 것을, 하나님이 살아계시고 예수님이 살아계시며 성령님이 오늘도 역사하신다는 것을 그대로 보여주고 체험하게 하고 싶다.

🌿 마디 기도로 누리는 평안: 마디 기도가 주는 일상의 평안과 안식

내 삶에서 마디 기도는 단순한 종교적 루틴을 넘어, 일상 속 평안과 안식을 선물하는 귀한 통로가 되었다. 마디 기도가 반복될 때, 내 마음과 생각은 놀랍게 변화한다. 나는 순간순간마다 하나님께로 돌아가는데, 이것은 곧 회개하는 마음이다. 세상적인 일들, 사람들, 수많은 미디어를 만날 때마다, 내 마음과 생각, 일정과 계획, 나아가 내 인생 전체를 하나님께로 돌이키는 회개의 모습, 바로 그 모습을 통해 주님과 함께 살아간다는 것이 가장 핵심적인 변화다.

🌿 바쁜 일상 속, 마디 기도가 주는 평안

마디 기도를 통해 일상에서 가장 크게 느끼는 평안은 바로 너무나 바쁘고 급할 때 찾아온다. 바쁘고 급한 일정에서, 나는 마디 기도를 통해 하나님의 이름을 부르며 내 마음의 방향을 하나님께로 꺾는다. 그 순간, 급했던 마음이 가라앉고 진정한 평안이 찾아오는 것을 느낀다. 이처럼 바쁜 일상에서도 마디 기도를 통해 하나님께 시선을 돌릴 때, 마음이 차분해지고 진정한 평안이 찾아오는 순간들이 나에게는 정말 소중하다.

🌱 불안과 걱정을 잠재우는 마디 기도의 능력

마디 기도는 내 안의 불안과 걱정을 잠재우는 데 큰 도움을 주기도 한다. 사람의 인사 문제나 관계 문제 같은 어떤 중요한 일을 앞두고 결정해야 할 때 특히 그렇다. 과연 이 결정이 어떤 영향을 줄지 걱정하거나, 반대의 결과가 나올 수도 있다며 염려할 때가 있다. 이처럼 중요한 일을 결정할 때, 나는 순간 하나님께 모든 것을 맡기고 마디 기도를 드린다. 그러면 이 모든 것이 합력하여 선을 이루게 할 것이라는 하나님의 뜻을 인지하게 되며, 이는 하나님께 온전히 의뢰하면서 나아가는 길이기에 평안함이 찾아온다. "여호와는 나의 목자시니 내가 부족함이 없습니다"라는 다윗의 고백처럼, 하나님께 의탁하는 기도를 통해 불안과 걱정이 사라지고 참된 평안을 누리게 되는 것이다.

🌿 영혼의 쉼을 주는 시간

하루 중 마디 기도를 드리며 가장 마음의 안정을 느끼는 시간대는 점심 이후부터 저녁 전까지의 바쁜 시간, 사람들을 만나는 그 쉼 없는 시간이다. 이때의 마디 기도는 나에게 진정한 쉼을 준다. 내 영혼에 평안을 가져다준다. 나는 성격이 급하고 마음이 조급한 편이라, 말이 빨라지고 꼬이거나 너무나 급하게 무언가를 결정해 실수를 할 때가 종종 있다. 그런데 그때마다 이 마디 기도는 내 마음에 평안을 되찾아준다. 바쁜 일정에서도 마디 기도를 통해 마음의 평안을 되찾고, 성급함 대신 차분함을 얻게 되는 이 경험은 나에게 정말 귀하다.

🌿 관계 속에서 피어나는 평안

마디 기도는 주변 사람들과의 관계에서도 평안을 누리게 한다. 나는 사람을 만나기 전에 "주님, 예수 그리스도시여, 보혜사 성령님, 나의 허물을 용서해 주세요. 주님, 도와주세요" 하며 '끼리에 엘레이손' 기도를 드린다. 사람을 만나기 전에도 만난 후에도 마디 기도를 하는 것은 그 사람과의 만남이 하나님 안에서 어떤 만남인지, 하나님이 어떻게 이 만남을 통해 역사하시는지 기대하고 생각하게 만든다. 만남 이후에 기분이 나빴든 좋았든, 어떤 계획을 세웠든, 이 만남 속에서 역사하시는 하나님을 생각하게 된다. 이 만남이 하나님이 역사하시는 일이라는 것, 만남을 통해 하나님의 뜻이 이루어지고 영광이 나타난다는 것을 인지할 수 있기에 마디 기도는 관계에서도 큰 도움이 된다. 마디 기도를 통해 사람과의 만남에서도 하나님의 역사와 뜻을 기대하고 바라보게 되며, 그로 인해 관계에서 평안과 하나님의 영광을 누리게 되는 것이다.

✜ 더 깊이 누리고 싶은 영적 안식

앞으로 마디 기도를 통해 더 깊이 누리고 싶은 것은, 나의 믿음이 예수님의 장성한 분량에까지 이르는 것이다. 그래서 예수님과 동행하면서 예수님이 하시는 일들을 이 마디 기도를 통해 직접 보고 싶다. 그리고 예수님이 하시는 그 역사를 경험하고 싶다. 내 영안이 열리고 귀가 열려 주님이 하시는 일들을 내가 옆에서 동행하면서 예수님의 제자들처럼 보고 느끼고 닮아가고, 또 예수님께 더욱더 가까이 가고, 예수님과의 만남이 더 깊어지기를 원한다. 이것은 나뿐 아니라 모든 신앙인의 꿈이라고 생각한다. 마디 기도를 통해 예수님을 더욱 닮아가고, 예수님께서 하시는 일들을 가까이에서 보고 느끼며 동행하는 삶을 꿈꾸는 것은 많은 이에게 큰 도전이 될 것이다.

마디 기도를 통해 변화된 나의 일상과 신앙생활이 오늘날의 그리스도인들에게 큰 영감을 주기를 바란다. 또한 성도들이 이 마디 기도를 통하여 예수님과 동행하는 삶을 경험하고, 그 모든 일상에서 주님을 만나기를 원한다. 주님을 만나고, 주님을 보고, 주님을 만져 그들의 삶이 행복해지기를 바란다. 하나님과 동행하는 신앙생활이라는 것, 그리고 이 땅에서 하나님과 동행하며 천국을 누리는 것을 그들도 경험하기를 원한다. 그래서 신앙은 형식이 아니라 삶이며, 천국은 하나님과 동행하는 것임을 모든 신앙인이 체험하길 원한다.

5장

일상 기도

    일상 기도는 나의 하루를 하나님께 온전히 내어드리는 소중한 시간이자, 삶의 모든 순간을 그분과 연결하는 끈이다. 아침에 눈을 뜨자마자 기도할 때도 있고, 아침 식사 후 차를 마시며, 혹은 출근길에 나서면서 하나님께 하루의 일정을 보고하기도 한다. 차분히 앉아서, 때로는 운전하면서, 혹은 지하철 안에서 나는 조용히 하나님께 아뢴다. "하나님, 오늘은 이러한 일들이 계획되어 있습니다. 누구누구를 만나야 하고, 이러한 업무들이 있습니다. 이 모든 일에서 하나님이 역사하여 주옵소서."

    일상 기도를 시작하면서 가장 먼저 하나님께 보고하는 내용은 바로 그날의 모든 일정이다. 나는 우선 이런 일들을 처리할 때 하나님의 도우심과 지혜가 필요하다고 아뢴다. 그리고 사람들을 만날 때면 "모든 만남은 하나님의 뜻 안에 있으니, 이 만남을 통하여 하나님의 뜻을 이루시고, 하나님의 영광이 나타날 만한 하늘의 뜻을 이 땅에 이루어주소서. 이 만남이 복음을 전할 수 있는 기회나, 사람을 살리는 일이 되게 하소서"라고 간구한다. 또한 모든 업무가 선을 이룰 수 있게 도와달라고 기도한다. 이렇게 하나님께 하루의 일정을 구체적으로 의탁하고, 그분의 지혜와 인도하심을 구하면서 하루를 시작하는 기도가 나에게는 정말 큰 힘이 되며 평안을 가져다준다.

❦ 하나님을 향한 온전한 신뢰로 드리는 보고

하루의 일정을 하나님께 보고할 때, 나는 겸손함과 진실된 마음으로, 그리고 하나님께 모든 것을 맡기는 온전한 신뢰의 자세로 임한다. 하나님께서 내 일정 가운데 친히 역사하시고 개입하셔서 하나님의 뜻대로 모든 것이 이루어지기를 바라는 마음이다. 하나님이 보호하시고, 인도하시며, 역사하시고, 모든 일정 가운데 하나님이 동행하시고 함께하시기를 간절히 바라며 하나님께 보고한다. 이렇게 하나님께서 일상의 모든 부분에 함께하시고 인도하신다는 믿음으로 하루를 시작하는 것이 내게는 정말 큰 힘이 된다.

❦ 일상 기도가 가져온 삶의 변화: 기대감과 평안

일상 기도를 통해 가장 크게 바뀐 점은 바로 기대감이 생겼다는 것이다. 내가 오늘 만나기 전에 일상 기도를 드렸던 그 만남에 대해서는 항상 기대감이 샘솟는다. 곧 '하나님이 어떻게 역사하실까?' 하는 기대감이다. 불편한 관계 속에서 다시 만나는 경우라면 '하나님이 어떻게 역사하셔서 평화를 이루어가실까? 하나님이 어떻게 그 사람의 마음이나 상황을 변화시켜주실까?' 하는 것이다. 또 그날 일에 대해서도 하나님이 어떻게 나를 도와주실까? 이 모든 일들을 통해 나보다 더 지혜롭고, 나보다 더 편하신 그분께서 이 일을 이끌어가실까?' 하는 기대감 속에서 그 시간을 마주할 수 있다는 점이 참 좋다. 일상 기도를 통해 하나님께서 일하실 것에 대한 기대감이 생기고, 그로 인해 하루하루가 더 의미 있고 설레는 시간이 되는 것이다. 이렇게 하나님께서 함께하신다는 믿음과 기대감을 가지고 하루를 살아가는 것이 나에게는 정말 큰 축복이다.

🌿 바쁜 일상 속 일상 기도를 위한 지혜로운 방법

나는 바쁜 일상에서도 일상 기도를 꾸준히 실천하기 위해 몇 가지 방법을 활용한다. 새벽기도 이후에 곧바로 일상 기도를 드리는 것이 가장 좋지만, 여의치 않을 때는 혼자 있는 시간을 활용한다. 아침 식사 후 산책하는 시간이나 커피를 마시는 시간, 혹은 운전하는 시간처럼 홀로 있을 수 있는 시간을 만들어 그날의 일정을 가지고 기도한다. 보통 오래 걸리지 않는다. 5분, 3분, 길게는 10분 정도 간단히 그날의 일정을 가지고 기도하지만, 중간중간 감동되는 부분이 있으면 더 길어지기도 한다. 이렇게 꾸준히 일상 기도를 이어가다 보면 하루하루가 더 의미 있고, 하나님과의 동행을 깊이 경험하게 된다. 이처럼 좋은 습관은 다른 많은 사람에게도 영감을 줄 것이라 생각한다.

새벽기도를 하는 성도라면 새벽기도 시간에 충분히 기도할 것이다. 하지만 새벽기도 이후 홀로 기도할 시간 없이 바로 출근하는 성도라면, 그때 일상 기도를 이어서 함으로 기적의 시간을 경험할 수 있다.

🕊 하나님의 분명한 인도하심을 느낀 순간

일상 기도를 통해 하나님께서 인도하시는 것을 크게 느꼈던 순간은 여러 번 있었지만, 특히 기억에 남는 것은 중요한 회의를 앞두고 있었을 때였다. 내가 맡은 부분에 대해 회의를 진행해야 하는데, 준비 과정 가운데 여러 가지 환경적인 어려움이 있어 일정이 꼬이거나 대화가 제대로 이루어지지 않는 등 문제가 있었고, 그러자 '어떻게 이 문제를 해결할 수 있을까?' '회의에 모인 다른 회원들이 어떤 반응을 보일까?' '나를 무능력하다고 생각하지는 않을까?' 하는 염려와 근심이 생겼다.

그런 상황에서 나는 일상 기도를 드리며 회의에 참석했다. 물론 여기에는 마디 기도도 포함된다. 그렇게 기도를 하고 왔을 때 하나님께서 실제로 그 일들을 해결하시는 모습, 즉 다른 회원들이 기발한 아이디어를 내고 문제가 해결되는 모습을 보고 크게 깨달았다. '내가 겁먹을 필요가 없었구나! 하나님께서는 여호와 이레의 하나님이시구나!' '하나님이 이렇게 실제적인 만남과 여러 가지 기회를 더해주셔서, 오늘은 긴장감을 가지고 왔지만 기분 좋은 하루가 되었구나!'

이렇게 일상 기도를 꾸준히 하면서, 나는 하나님께서 분명하게 역사하시고 인도하신다는 것을 강하게 느낀다.

6장

식사 기도
: 평범한 식탁에서 예수님을 만나다

나는 작은 복지 공동체를 섬기고 있다. 저녁 식사 시간이 되면 아이들이 함께 기도한다.

비를 내리시고, 바람을 불게 하시며,
햇볕을 주셔서 곡식이 자라게 하심을 감사합니다.
농부의 수고와 음식을 조리하는 사랑으로
식탁에 맛있는 음식을 주신 것도 감사합니다.
나의 노력보다 하나님의 은혜가 더 감사합니다.
맛있게 먹고 지혜와 키가 자라게 하시고,

복을 내려주소서!
그리고 가족과 나라와 민족의
훌륭한 사람 되게 하소서!
예수님의 이름으로 기도합니다. 아멘.

나는 이 공동체에 예수님이 함께 계시고, 이들이 예수님의 손길에 노출되길 소망한다. 그리고 조막손을 가진 꿈 많은 아이들이 하나님 앞에서 아름다운 열매가 되길 항상 기도한다.

✤ 보이지 않지만 계신 그분

식사 시간에 예수님이 함께하시는 순간을 느낀다. 제자들이 둘러싼 그 자리에서 예수님은 제자들을 느끼기도 하고, 함께 떡을 떼기도 하신다. 그들을 지극한 눈으로 지켜보기도 하시고, 그들의 대화를 듣고 함께 이야기를 나누기도 하신다. 미소 짓는 그 모습에서 예수님은 하나 된 공동체를 소유하신다. "나는 교회의 몸이니…."
슬픔과 낙심과 두려움이 가득한 발걸음으로 급히 엠마오로 돌아가는 두 제자와 이야기를 나누시던 예수님께서는 그들과 식사를 하신다. 그리고 그들을 격려하시고, 위로하시며, 그들에게 희망과 믿음을 주신다. 우리 예수님이 함께 하시는 식사 자리는 늘 이렇다. 계시지만 보이지 않고, 보이지 않지만 늘 계신 분이시다.

식탁에서 만나는 예수님

식사 시간은 단순히 배를 채우는 시간이 아니다. 먹는 데 급급하고, 맛있는 것에 감탄하며, 배부른 것에 만족하는 것만으로는 부족하다. 나는 이 시간이 예수님께서 함께 계신다는 것을 느끼고, 예수님이 우리를 돕고 계신다는 것을 인지하는 시간이 되기를 간절히 바란다. 먼저 식탁에 앉는 마음의 태도에서부터 예수님이 함께 계신다는 것을 느끼려고 노력한다. 이것이야말로 식사 기도의 출발점이자 은혜의 문턱이다.

엠마오 길 위의 식탁: 보이지 않는 동행

엠마오로 가는 길에서 제자들이 예수님과 함께 걸었지만 그분을 알아보지 못했던 것처럼, 우리 삶에도 보이지 않지만 늘 함께하시는 예수님이 계신다. 그리고 식사 자리에서 예수님이 떡을 떼실 때 비로소 그분을 알아보았던 제자들처럼, 식사 시간은 나에게 우리 주님을 인지하는 영적인 시간이 된다. 예수님은 함께하시지만 보이지 않고, 보이지 않지만 늘 함께하시는 분이시다. 식사 시간에 예수님은 우리를 위로하시고, 힘을 주시며, 은혜를 베푸시고, 소망을 주신다. 여전히 우리의 머리 되신 예수님께서 자리하신 식탁에서 나는 주님과 동행할 수 있음을 느낀다. '보이지 않지만 함께하시는 예수님' 그리고 '식탁에 여전히 자리하신 머리 되신 주님'이라는 표현은 식사 기도가 단순한 의식이 아니라, 진정한 동행의 순간임을 뜻한다.

갈릴리 식탁에서의 눈빛: 회복과 사명

예수님이 부활 후 제자들과 함께 생선을 드셨던 갈릴리 식사 장면을 묵상할 때면 나는 깊은 감동에 젖는다. 회개조차 할 수 없을 정도로 무거웠던 베드로의 마음을 아시고, 예수님께서는 그 식탁에서 그에게 사명을 주셨다. 그리고 회복을 선물하셨다. 내가 힘겨워 식탁에 앉아 있을 때도, 예수님은 나의 몸과 마음, 그리고 영의 회복을 주시는 눈빛으로 나와 마주한다는 생각이 든다. 갈릴리 식탁에서 베드로에게 주신 회개, 회복, 사명, 이 세 단어는 나의 식사 기도를 깊이 물들인다. 그 식탁에서 예수님의 눈빛을 마주한다는 표현은 오늘 우리의 식사 기도가 놀라운 회복을 가져온다는 것을 의미한다.

🌱 성찬의 의미가 담긴 식사 기도: 가치 있는 인생으로의 회귀

성찬식에서 예수님이 떡을 떼시며 하셨던 식사 기도는 오늘날 우리의 식사 시간에 깊은 의미를 부여한다. 그 시간은 공동체의 아름다운 모습을 보여주며, 예수님께서 떡과 포도주, 즉 자신의 몸을 찢고 피를 흘리는 십자가를 이야기하셨지만, 그조차도 한 사람 한 사람을 위해 생명을 주시는 모습이었다. 우리는 식탁에서 나를 위해 희생하는 식탁의 모든 것과 예수님의 희생을 기억하며, 헛된 인생이 아닌 가치 있는 인생으로의 회귀가 이루어져야 한다. '식탁에 올려진 모든 희생에 예수님의 십자가를 비추어 보는 시선' 그리고 '헛된 삶에서 가치 있는 삶으로의 회귀'는 식사 기도가 단순한 감사를 넘어, 삶 전체의 방향이 전환 됨을 뜻한다.

❦ 가장 큰 영적 유익: 주님과의 동행을 인지하는 것

일상에서 식사 기도를 드릴 때 가장 크게 느껴지는 영적인 유익은 바로 주님이 함께하심을 인지하는 것이다. 이 한 가지 사실이 식사 기도의 가장 큰 유익이자, '쉬지 않는 기도'의 핵심이다. 주님이 나의 식탁에 함께 계심을 의식할 때, 식사는 단순히 배를 채우는 행위를 넘어 주님과의 친밀한 교제에서 영적인 양식을 공급받고, 내면에 평안과 감사가 넘치는 일이 된다.

❦ 공동체적 유대감과 사명으로 연결되는 식탁

가족이나 공동체와 함께 드리는 식사 기도는 서로 간의 깊은 유대감과 신앙적 연결을 만들어준다. 주님께서 함께 계신 이 식탁에서, 주님이 주신 생명이 사명을 위한 생명이 되도록 기도하고, 가족과 공동체가 하나님의 선한 뜻을 이루는 멋진 인생을 살아갈 수 있도록 방향을 제시한다. 그리고 하나님의 은혜가 부어지는 이 시간은 곧 같은 마음을 갖는 시간이 된다. '주님의 생명이 사명을 위한 생명으로 이어지는 식탁', 그리고 '공동체가 같은 마음으로 은혜를 나누는 시간'이라는 말은 식사 기도가 단순한 감사의 도구가 아니라, 사명과 삶의 방향을 함께 나누는 영적 코이노니아임을 의미한다.

✷ 무너질 때, 다시 새롭게 하는 고백

식사 기도가 습관처럼 느껴져 마음이 무너질 때가 있다. 그럴 때 나는 다시 마음을 새롭게 하고 기도에 집중하기 위해 노력한다. 가장 효과적인 방법은 "주님이 함께 계신 이 식탁에서"라고 기도를 시작하는 것이다. 이 고백 하나가 식사 시간의 순간을 하나님 임재의 자리로 바꾸는 신앙적 연습이 된다. 공공장소에서 많은 불신자와 함께 있을 때도, 비록 단순히 습관적으로 기도하는 것처럼 보일지라도, 나는 그 자리에 주님이 함께 계심을 인지하고 기억하며 주님께 모든 것을 맡기는 기도를 택한다. 기도가 화려하거나 길지 않아도, 주님이 함께하심을 기억하고 맡기는 태도가 주님께는 충분한 기도임을 느끼는 순간이다.

🕊 자녀들을 위한 축복의 식탁

내가 식사 시간에 예수님과의 동행을 뚜렷이 경험하는 경우는 자녀들의 생일 파티에서 기도하고 축복할 때다. "예수님, 우리 자녀를 지켜주시고 도와주시고 인도해 주시고, 힘들 때 일으켜 주세요"라고 기도한다. 마치 옆에 계신 주님께 직접 부탁하는 것처럼 기도할 때 감동과 은혜가 넘치며 새삼스럽게 그분의 임재를 느낀다. "예수님, 우리 자녀를 일으켜 주세요"라는 기도는 단순한 도움 요청이 아니라, 부모의 믿음이 자녀에게 흘러가는 축복의 통로가 된다. 그 기도를 들으시는 예수님이 정말 옆에 앉아 계신 것 같은 장면이 그려진다.

🕊 식사 기도는 습관이 아닌 사랑스러운 눈빛을 느끼는 시간

나는 식사 기도를 통해 더 깊이 누리고 싶은 은혜와 결단이 있다. 식사 기도를 단순한 습관적인 기도로 하루 세 번 하기에는 너무 아깝다. 1년이면 1,000번 넘게 하는 이 식사 기도 시간에 예수님을 느끼고 볼 수 있다면, 식사 시간마다 우리의 마음이 하나님께로 돌아가고, 힘을 얻으며, 위로를 받을 것이다. 엠마오로 가던 두 제자처럼, 다시금 사명에 대한 힘과 능력을 받게 될 것이다. 식사 기도는 단순한 습관이 아니라, 나를 향한 예수님의 사랑스러운 눈빛을 느끼는 시간이다. 이 한 문장에 '쉬지 않는 기도'의 본질이 담겨 있다.

7장

각종 기도문 예시

❦ 사도신경으로 드리는 기도 – "나는 믿나이다"라는 고백 위에 드리는 믿음의 기도

1. 전능하사 천지를 만드신 하나님 아버지를 내가 믿사오며

"하나님은 전능하십니다. 불가능을 뛰어넘으시고, 시간과 공간을 초월하시며, 죽음조차 생명으로 바꾸시는 분이십니다. 사람이 할 수 없는 것을 하나님은 하실 수 있음을 믿습니다. 말씀으로 빛을 만드시고, 무에서 유를 창조하신 하나님, 별들도, 바람도 주님께서 창조

하셨듯, 나의 인생도 질서 있게, 아름답게, 사명 감당하게 하옵소서. 나의 이름을 아시는 아버지, 나를 품어주시고, 나의 눈물을 닦아주시며, 내 기도를 들어주시옵소서. 세상이 흔들릴지라도 내 안의 믿음은 오직 하나님께만 뿌리내리도록 인도하여 주옵소서."

2. 그 외아들 우리 주 예수 그리스도를 믿사오니

"하나님께서는 그 은혜로 가장 소중하고 유일하신 아들 예수님을 이 땅에 보내셨습니다. 예수님은 세상의 주인이실 뿐 아니라, 나의 주님이십니다. 나의 삶도, 나의 결정과 미래도 주님의 주권 아래 있음을 고백합니다. 예수님은 하늘의 보좌를 버리고 이 낮은 곳으로 오셔서 나의 죄를 사하시고 나를 구원하시기 위해 십자가에서 죽으셨습니다. 나는 그 예수님을 믿습니다. 그리고 그 예수님 안에 머물겠습니다.

오늘도 나를 새롭게 하시는 주님을 의지합니다. 예수님의 보혈로 나를 덮어주옵소서. 오늘도 예수님을 붙들고 살아가겠습니다."

3. 이는 성령으로 잉태하사 동정녀 마리아에게 나시고

"전능하신 주께서 성령으로 잉태되어 낮은 자의 모습으로 이 땅에 오셨습니다. 나의 삶에서 오늘도 새로운 일을 행하소서. 주의 성령으로 역사하여 주시옵소서. 나는 언제나 내 방식과 경험, 계산으로 살아갑니다. 그러나 오늘 주님을 의지하오니 내 한계를 넘어 일하여 주시옵소서. 나는 마리아처럼 작고 부족합니다. 내 안에 성령의 생각과 방법을 잉태하게 해주시옵소서. 그래서 주님의 길을 따르고, 주님의 방법을 바라보며, 주님의 때를 기다리고 믿게 하옵소서."

4. 본디오 빌라도에게 고난을 받으사 십자가에 못 박혀 죽으시고

"주님, 나를 위해 고난당하신 그 사랑을 잊지 않습니다. 나를 위한 십자가에 오늘도 감격합니다. 나의 구원이 생각만이 아니라, 내 삶의 현장에서 이루어진 사실이듯, 구원의 능력이 내 삶에서 나타나게 하옵소서. 나의 허물 때문에 찔리시고, 나의 죄악 때문에 상하셨으니, 그 치유하심과 용서하심이 나와 내가 만나는 모든 사람에게 나타나게 하옵소서. 오늘 십자가 앞에서 나의 욕망과 정욕을 못 박고, 주님의 사랑을 내 심장에 새깁니다. 주의 보혈로 나를 덮으소서, 내 삶이 고난의 십자가를 부끄러워하지 않고, 자랑하게 하옵소서.

나의 사랑, 나의 십자가…"

5. 장사한 지 사흘 만에 죽은 자 가운데서 다시 살아나시며

"부활하신 예수님, 죽음도 이긴 생명의 주님을 오늘도 신뢰합니다. 혹 내가 사망의 음침한 골짜기를 다닐지라도 생명의 주님께서 나와 함께하시고, 부활의 능력으로 다시 살게 하옵소서. 주님께서 나의 죗값을 완전히 지불하셨고, 죽음을 이기셨습니다. 주님을 따라가고 있는 나의 십자가는 고난이나 실패가 아니라 완전한 승리임을 선포합니다. 돌문으로 가로막혀 버린 소망과 절망의 문을 열어주시고, 부활의 증인으로 살게 하옵소서. 주님께 영광을 돌립니다. 영광, 영광, 할렐루야!"

6. 하늘에 오르사 전능하신 하나님 우편에 앉아 계시다가

"하늘로 높임을 받으신 주님, 오늘도 내 인생의 중심에 주님을 모십니다. 하늘과 땅과 땅 아래 모든 생명이 예수의 이름 앞에 무릎을 꿇습니다. 왕 중의 왕이신 예수님께서 모든 피조물을 다스리시고, 하늘 보좌 우편에서 중보하여 주옵소서. 내가 넘어질 때, 포기하고 싶을 때, 마음이 흔들릴 때 여전히 기도해 주시는 예수님을 바라봅니다. 땅을 바라보지 않고 하늘을 바라보며, 예수 이름으로 살게 하시고, 예수 이름으로 살아내게 하시며, 예수 이름으로 살아가게 하옵소서."

7. 저리로서 산 자와 죽은 자를 심판하러 오시리라

"공의로우신 심판주 예수님, 주님은 차별하여 심판하지 않으십니다. 산 자와 죽은 자, 시간과 공간을 초월하여 하나님의 나라를 이루어 주옵소서. 나에게 상급과 안식을 주옵소서. 믿음으로 사는 자들에게 구원의 확증을 더하시고, 부림절 사건처럼 하나님의 정의가 실현되게 하옵소서. 그날에는 참았던 눈물을 쏟아낼 것입니다. 그날에는 그 모든 눈물을 씻어주실 것을 믿습니다. 때때로 주님의 다시 오심을 잊고 살아가기도 합니다. 마치 오늘이 영원할 것처럼, 내 계획이 전부인 것처럼 살아갑니다. 주님, 심판대 앞에서 부끄럽지 않도록 거룩과 사랑의 길을 걷게 도와주옵소서. 오늘 내가 하는 말과 행동이 주님을 미소 짓게 하는 것이 되게 하옵소서. 나의 삶을 거룩하고 정직하게 인도하여 주옵소서. 죽은 자들이 살아나도록 마른 뼈들에게 성령의 바람이 불게 하시고, 산 자들의 믿음에 역사하여 주옵소서. 아멘, 주 예수여, 어서 오시옵소서."

8. 성령을 믿사오며

"보혜사 성령님, 오늘도 내 안에 거하시며 도우소서. 오늘도 내 마음을 감동시키고 영혼을 깨우셔서, 내 마음과 삶이 하나님을 향하게 하옵소서. 나에게 죄를 깨닫게 하신 것도, 주님을 구주로 고백할 수 있도록 도우신 것도, 내가 넘어졌을 때 다시 일어나게 하신 것도 감사합니다. 성령님, 나는 종종 내 힘으로 살아가려 하다 지치고 무너지곤 합니다. 오늘 다시 고백합니다. 성령님, 내 삶을 다스려 주옵소서. 내 생각을 붙드시고, 말과 행동을 인도하시며, 하나님의 뜻 가운데 걷게 하옵소서. 나와 함께하시고, 동행하시며, 능력으로 나타나 주시고, 위로해 주옵소서. 새 힘을 주옵소서. 오늘 이 하루 성령님과 동행하는 삶을 살게 하옵소서."

9. 거룩한 공회와 성도가 서로 교통하는 것과

"나를 혼자 두지 않으시고 주님의 몸 된 교회의 한 지체로 부르심을 감사합니다. 내가 교회를 사랑하게 도와주옵소서. 교회에서 형식적인 모임이 아니라, 진정한 교제가 이루어지게 하옵소서. 지체가 기뻐할 때 함께 웃고, 슬퍼할 때 함께 울며, 서로의 짐을 함께 지는 공동체가 되게 하옵소서. 내가 먼저 손 내밀게 하옵소서. 내게 그러한 힘을 주옵소서. 주님, 내 마음에 있는 벽을 허물어주시고, 사랑으로 하나 되게 하시며, 서로의 연약함을 품어주게 하옵소서. 내 힘으로 불가하오니, 성령의 은혜로 도와주시옵소서. 성도 간의 사랑을 통해 주님을 경험하게 하옵소서. 서로 돌아보고, 협력하게 하옵소서. 연결되게 하옵소서, 겸손하게 하옵소서. 그리고 우리 교회가 땅끝까지 복음을 전하며 주님의 다시 오심을 예비하는 공동체가 되기를 소망합니다."

10. 죄를 사하여 주시는 것과

"나의 죄를 용서해 주신 주님, 그 은혜에 합당하게 살아가게 하소서. 주님 앞에 나아오는 자들을 긍휼히 여기시고, 감사함으로 주님께서 주신 사명을 감당하게 하옵소서. 오직 주님의 은혜로 죄 사함 받고, 새로운 피조물로 회복됨을 믿습니다. 하지만 주님, 내 안에 여전히 남아 있는 생활 속에서의 죄책감과 수치를 날마다 예수님의 보혈로 깨끗이 씻어주시고, 내가 받은 이 은혜를 다른 사람에게도 흘려 보내게 하옵소서. 나를 평화의 도구로 살게 하옵소서. 오늘도 나는 죄 사함의 은혜 안에 서 있습니다. 이 은혜가 오늘 나의 하루를 지배하게 하옵소서."

11. 몸이 다시 사는 것과

"오늘도 사망의 음침한 골짜기 같은 세상을 걸어갑니다. 하지만 죽음을 끝이 아닌 시작으로 보게 하심을 감사합니다. 죽음을 넘어서는 소망이 있기에, 오늘도 살아갈 이유가 있습니다. 이 땅에서 몸이 썩거나, 주님께 충성하다 닳아버리더라도 몸이 다시 사는 것을 믿습니다. 이 부활의 소망이 오늘의 고난을 이기는 힘이 되게 하옵소서. 슬픔 속에서도 견뎌내게 하시고, 기뻐하게 하시며, 무너진 자리에서도 다시 일어서게 하옵소서. 주님, 부활을 기다리는 자답게 살아가게 하옵소서. 내 몸을 거룩하게 지키고, 생각과 마음을 지킬 수 있도록 도와주옵소서. 주의 사랑을 한 가지라도 실천하도록 지혜와 의지를 더하여 주옵소서. 오늘도 주님께 영광 돌리는 하루로 살게 하옵소서."

12. 영원히 사는 것을 믿사옵나이다 아멘

"영원한 생명을 주신 주님, 이 하루도 영원을 바라보며 살게 하옵소서. 이 땅에서 주님과 동행하는 삶이 그대로 이어져 영원을 살아가면서 주님과 동행함을 믿습니다. 순간의 유혹보다 영원한 생명을 더 귀히 여기게 하시고, 오늘의 선택이 그 영원한 삶을 준비하는 씨앗이 되게 하옵소서. 주님, 영원히 주님과 함께할 날을 기대합니다. 지금부터 영원을 살게 하옵소서."

✣ 주기도문으로 드리는 기도—"그러므로 너희는 이렇게 기도하라"(마 6:9)

1. 하늘에 계신 우리 아버지여

"하늘에 계신 우리 아버지…아버지…아버지…, 이 땅의 모든 한계를 뛰어넘는 분이시여! 내 생각보다 크시고, 내 느낌보다 깊으시고, 내 문제보다 높으신 하나님. 나는 지금 나의 현실에 눌려 있지만, 주님은 하늘에서 모든 것을 보시고, 모든 것을 품고 계신 줄 믿습니다.

주님은 멀리 계신 무서운 하나님이 아니라, 아버지라 부를 수 있는 사랑의 하나님이십니다. 나의 약함을 아시는 분, 나의 속마음을 들여다보시는 분, 나보다 나를 더 잘 아시는 분. 어린아이가 아버지 품에 안기듯 두려움도, 수치도, 걱정도 벗어던지고 주님께 나아갑니다.

내가 말하지 않아도 아시는 아버지, 그러나 내가 말하도록 기다리시는 아버지, 나의 아버지, 오늘도 이 기도를 들으시는 아버지…. 주님, 나 혼자만의 하나님이 아니라 우리의 아버지가 되어주심에 감사합니다. 하나님은 나만이 아니라 내 가족의 아버지이시고, 내가 품어야 할 이웃들의 아버지이십니다."

2. 이름이 거룩히 여김을 받으시오며

"주님의 이름을 높입니다. 나의 말과 행동에서도 주님의 거룩함이 드러나길 원합니다. 주님, 주님의 이름이 이 땅 가운데, 나의 삶 가운데, 모든 피조물 가운데 거룩히 여김을 받으소서. 사람들이 주님의 이름을 무시하고, 헛되이 말하고, 욕되게 하는 시대에서도 나는 오늘 주님의 이름이 가장 거룩한 이름임을 선포합니다. 주의 자녀로 사는 내 말이 구별되게 하시고, 내 표정이, 내 관계와 선택과 사랑이 거룩하게 구별되게 하소서."

3. 나라가 임하시오며

"하나님의 나라가 내 삶에, 가정에, 이 땅에 임하게 하소서. 주님의 다스림을 받길 원합니다. 사람의 힘이 아닌, 정치나 이념이 아닌, 오직 주님의 나라가 오늘 우리 삶의 자리에 신실하게 임하여 주옵소서. 그리고 내 마음과 생각과 말과 행동, 나의 선택과 일상까지 다스려 주옵소서. 왕 되신 주님의 통치가 이루어지게 하옵소서. 오직 하나님의 나라가 임하여 전쟁이 그치고, 거짓이 침묵하고, 약자가 보호받고, 진실이 존중되게 하여 주옵소서. 특별히 나의 마음 왕좌에 임하여 주옵소서. 나의 삶에 하나님의 나라가 임하셔서 주님의 말씀이 법이 되고, 주님의 뜻이 나에게 가장 우선이 되게 하옵소서."

4. 뜻이 하늘에서 이루어진 것같이 땅에서도 이루어지이다

"하나님의 뜻이 내 삶에서도 이루어지기를 원합니다. 내 뜻보다 주님의 뜻을 먼저 구합니다. 내 욕망이 아니라, 내 감정이 아니라 하나님의 거룩하신 뜻이 나를 이끌어가게 도와주옵소서. 주님, 이 땅은 아직도 주님의 뜻을 거스르는 어둠 가운데 있습니다. 주님의 뜻이 이 땅에 이루어져 주님의 공의가 흐르게 하옵소서. 정치와 교육,

문화와 경제, 예술과 과학, 교회와 가정에서 주님의 뜻이 이루어지게 하옵소서. 나의 하루가 주님의 뜻을 이루는 땅의 통로가 되게 하옵소서."

5. 오늘 우리에게 일용할 양식을 주시옵고

"주님, 오늘도 필요한 것을 공급해 주셔서 감사합니다. 내 삶의 모든 것을 공급해 주시는 하나님, 하늘에서 만나를 내리시듯, 오늘을 살아가기 위한 모든 은혜와 자원을 부어주옵소서. 오늘 필요한 말씀의 양식도, 인내의 양식도, 웃을 수 있는 평안의 양식과 관계 속에서 흘러야 할 사랑의 양식도 주옵소서. 나만 배부른 양식이 아니라, 우리 모두가 풍족한 양식을 얻게 하옵소서. 굶주린 자에게, 위로가 필요한 자에게, 관계가 메마른 자에게, 사랑이 사라진 가정의 아이들에게 필요한 양식을 주옵소서. 이 양식이 내 손을 통해 나누어지게 하옵소서."

6. 우리가 우리에게 죄 지은 자를 사하여 준 것같이 우리 죄를 사하여 주시옵고

"주님, 나는 죄인입니다. 숨기고 싶은 죄도 있고, 잊은 척했던 죄도 있으며, 회개했지만 또 반복한 죄도 있습니다. 나를 긍휼히 여기시고, 주의 자비로 덮어주옵소서. 십자가의 보혈로 씻어주옵소서, 그리고 우리의 죄 또한 사하여 주옵소서. 교회와 민족과 세대와 시대가 지은 죄를 회개합니다. 탐욕의 죄, 무관심의 죄, 불의를 모른척하며 방임하여 침묵한 죄, 사랑하지 않은 죄를 용서하여 주옵소서. 그리고 용서의 마음을 주시옵소서. 주님 앞에서 용서받은 그 은혜를 기억합니다. 성령의 은혜로 나도 용서를 이루게 하여 주시옵소서."

7. 우리를 시험에 들게 하지 마시옵고

"주님, 나는 자주 넘어집니다. 강해지려고 하지만, 연약함을 고백합니다. 그러기에 기도합니다. 나를 시험에 들게 하지 마시옵고, 시험의 자리에서 보호해 주옵소서. 나의 마음이 주님만을 붙들고 살아가게 하옵소서. 원수 마귀는 우는 사자처럼 삼킬 자를 찾고 있습니다. 나의 틈을 노리고 있습니다. 내 영혼을 지켜주옵소서. 내 생각

과 감정과 습관을 성령으로 감싸주옵소서. 불기둥과 구름기둥으로 인도함을 받고 승리하게 하옵소서. 믿음을 흔드는 유혹에 빠지지 않게 하시고, 주의 말씀으로 깨어 있게 하소서."

8. 다만 악에서 구하시옵소서

"보이지 않는 악의 권세로부터 나를 보호하여 주옵소서. 주님을 의지합니다. 내가 악을 이기려 하면 때로 넘어집니다. 의지로 싸우려 하면 지쳐 떨어집니다. 주님의 은혜가 있어야 살아갈 수 있고, 살아낼 수 있습니다. 넘어져도 다시 일어설 수 있습니다. 주님, 간구합니다. '다만 악에서 구하시옵소서.' 나의 눈이 속지 않게 하시고, 나의 손이 잘못을 행치 않게 하시며, 나의 발이 죄의 길로 걷지 않도록 도와주옵소서. 주님의 보혈이 나를 지키시고, 주님의 이름이 나를 살리시며, 주님의 영이 나를 보호하여 주시옵소서."

9. 나라와 권세와 영광이 아버지께 영원히 있사옵나이다 아멘

"모든 것이 주님께 속해 있으니 영원히 주님만을 찬양하며 살게 하옵소서. 이 땅에 수많은 나라가 있지만, 그 모든 나라 위에 있는 참된 나라는 하나님 나라입니다. 주님의 뜻이 하늘과 땅을 통치하심을 믿습니다. 정치도, 역사도, 시대도 결국 주님의 손 아래 있습니다. 권세도 주님의 것입니다. 사람들은 권세가 권력에 있고, 돈에 있다고 말합니다. 하지만 주님만이 천지를 창조하시고, 십자가에서 죽음을 이기셨으며, 지금도 살아서 역사하시는 전능하신 하나님이십니다. 그 모든 영광은 하나님께 있습니다. 기도 응답의 영광도 하나님의 것입니다. 내 삶의 아름다운 열매도 하나님의 것입니다. 모든 복도 하나님의 것입니다. 그 모든 것이 영원히, 영원히 아버지께 있습니다."

❦ 십계명으로 드리는 기도—"주의 말씀은 내 발에 등이요 내 길에 빛이니이다"(시 119:105)

1. 너는 나 외에는 다른 신들을 네게 두지 말라

"하나님, 내가 하나님보다 더 의지하는 것이 무엇인가요? 내가 하나님보다 더 사랑하는 것이 무엇인가요? 내 마음을 조명하사 드러내 주시고, 다른 신을 내려놓게 도와주옵소서. 하나님만이 나의 창조

주이십니다. 하나님만이 나의 구원자이시고, 주인이십니다. 어떤 상황에서도 주님 한 분만 바라보게 하시고, 삶의 예배와 사랑과 순종으로 주님 앞에서 살아가게 하옵소서. 내 마음과 생활에서 오직 주님만이 하나님이 되게 하옵소서. 다른 어떤 것도 주님보다 높아지지 않게 하소서."

2. 너를 위하여 새긴 우상을 만들지 말고…절하지 말며…섬기지 말라

"하나님, 나의 우상은 무엇인가요? 내 마음속에서 하나님보다 더 중요하게 여기는 것이 무엇인가요? 형상을 만들어 하나님을 제한하거나 축소하지 않도록 나에게 지혜와 총명을 더하여 주옵소서. 나 자신을 돌아봅니다. 오늘날 돈과 소유물이 나의 우상이 되지는 않았습니까? 세상의 인정과 권력과 명예를 위해 나의 삶을 사용하지는 않습니까? 누군가의 시선과 평판을 하나님보다 더 중요하게 여기지는 않습니까? 내 생각, 감정, 소원이 내 삶의 기준이 되고 있지는 않습니까? 하나님과의 관계와 소통보다 형식과 전통을 더 중요하게 여기고 있지는 않습니까? 하나님, 예배와 기도와 생활의 중심에 오직 하나님만 두기 위해 내가 무엇을 버려야 합니까? 버릴 것을 버리고, 내려놓을 것을 내려놓으며, 오늘도 나의 삶을 하나님의 인도하심으로 살아가게 하옵소서."

3. 너는 네 하나님 여호와의 이름을 망령되게 부르지 말라

"내가 주의 이름을 가볍게 사용하지 않게 하시고, 내 삶으로 주님의 이름을 영화롭게 하게 하옵소서. 주님, 나는 하나님의 이름을 부르면서도 때로는 마음 없이 기도했고, 습관처럼 찬양했으며, 심지어 내 욕심을 감추기 위해 하나님의 이름을 사용한 적도 있습니다. 용서하여 주옵소서. 입술로는 주님을 부르면서 마음은 다른 곳에 있었고, 하나님을 증인 삼아 거짓말하거나 약속을 어기기도 했습니다. 하나님의 이름을 일상에서 경박하게 사용하기도 했습니다. 이것도 용서하여 주옵소서. 주님, 하나님의 이름을 내 입술에서 가장 거룩하고, 가장 귀하며, 가장 아름답게 사용하길 원합니다. 내 말이 주님의 성품을 드러내게 하시고, 내 약속과 행동이 하나님의 거룩하심을 높이게 하옵소서. 주님의 이름을 부를 때마다 사랑과 믿음이 내 안에서 살아나게 하시고, 주님의 이름이 거룩히 여김을 받으시옵소서."

4. 안식일을 기억하여 거룩하게 지키라

"주님, 분주한 일상 중에도 내가 주님 안에서 쉬며 예배하게 하옵소서. 삶이 아무리 바쁘고 분주해도 주님께 드리는 시간을 빼앗기지 않도록 나를 도와주옵소서. 안식일을 기억하며 하나님의 창조를 기억합니다. 하나님께서 그날을 구별하심을 기억합니다. 그날에 우리를 위한 쉼과 하나님을 향한 예배가 있음을 기억합니다. 모든 인류가 자유와 해방의 안식이 필요함을 기억합니다. 안식일을 통하여 하나님을 예배하고, 영혼의 양식을 채우며, 재충전하게 하시옵소서. 이 거룩한 날을 빼앗기지 않기 위해 일상생활에서 더 성실하고 지혜롭게 하시며, 이 거룩한 날을 잘 준비하기 위해 허락하신 일상에서도 최선을 다하도록 도와주옵소서. 오늘도 주님의 인도하심을 의지합니다."

5. 네 부모를 공경하라

"혼돈 가운데 질서를 세우신 하나님, 하나님께서 세우신 질서를 인정합니다. 연로하신 부모님의 연약함에도 하나님이 내게 주신 자리와 역할을 귀하게 여김을 고백합니다. 주님, 부모님을 통해 나에게 생명을 주셨고, 부모님은 나에게 삶의 길을 열어주신 하나님의 손길이었습니다. 부모님의 사랑과 수고, 때로는 그 연약함까지도 주님의 손길로 받아들이게 하옵소서. 내가 말로만이 아니라 행동과 물질로 부모님을 공경하고, 부모님을 위해 기도하며, 부모님께 감사와 사랑을 표현하는 자녀가 되도록 도와주옵소서. 혹 상처와 오해로 멀어졌다면, 성령의 은혜로 관계를 회복하게 하시고, 남은 날 동안 부모님을 섬기는 것이 삶에서 하나님을 섬기는 예배가 되게 하옵소서. 부모님을 공경함으로 주님께 순종하게 하옵소서."

6. 살인하지 말라

"생명의 주인이신 하나님. 모든 생명에는 하나님의 숨결이 깃들어 있음을 고백합니다. 특별히 하나님의 형상으로 창조된 이웃을 향하여 생명의 존엄성을 지켜가려는 생각과 마음을 유지하도록 도와주옵소서. 사회 구조 속에서 일어나는 부정과 착취를 통한 살인을 막아주시고, 해여 언어폭력이나 비난, 무시와 모욕으로 타인의 마음을 죽이지 않게 하옵소서. 마음속의 미움을 방치하지 말게 하시고, 약자와 노인, 장애인, 태아 등 모든 생명을 동등하게 존귀히 여기는 주님의 마음을 실천할 수 있도록 인도하여 주옵소서. 내 입술은 생명을 살리는 도구가 되게 하시고, 제 손은 평화를 만드는 통로가 되게 하시며, 내 마음은 용서와 사랑을 품게 하옵소서. 모든 생명은 하나님의 것입니다. 생명을 존귀히 여기는 삶이 내 일상이 되도록 성령의 은혜를 부어주시옵소서."

7. 간음하지 말라

"주님, 내 마음과 생각과 시선을 지켜주옵소서. 눈에 보이는 유혹뿐 아니라, 보이지 않는 마음의 음욕에서도 나를 건져주옵소서. 내 마음과 시선이 세상의 기준보다 하나님의 거룩한 기준을 지키길 원합니다. 배우자와의 관계를 신뢰와 존중으로 지켜가게 하시고, 하나님이 주신 거룩한 선물인 '성'을 하나님의 언약 안에서만 누리도록 모든 유혹에서 나를 지켜주옵소서. 사랑이 아닌 욕망으로 관계를 망치지 않게 하시고, 하나님의 주신 경계를 넘지 않게 하옵소서. 나의 사랑이 하나님 안에서 성숙하게 하시고, 나의 관계가 하나님의 사랑과 신실함을 드러내게 하옵소서. 특히 세상이 흔드는 가치관 속에서도 하나님과 함께하는 길을 선택하고 기쁨으로 걸어가게 하옵소서."

8. 도둑질하지 말라

"하나님, 이웃과 함께 정직하게 살게 하소서. 서로 신뢰하며 공동체의 질서를 만들어가게 하옵소서. '내 것'과 '네 것'의 경계가 탐욕이나 시기의 기준이 되지 않게 하시고, 이웃과의 상생의 기준이 되게 하옵소서. 일상에서 사기나 횡령이나 부당이익 취득하는 일을 하지 않게 하시옵소서. 혹 내가 직장에서 성실하지 않아 다른 사람의 시간을 빼앗지는 않았는지 돌아봅니다. 하나님께 속한 것을 훔치지는 않았는지, 공동체에서 신뢰를 잃어버릴 행동을 하지는 않았는지 돌아봅니다. 행여 눈에 보이지 않는 방식으로 이웃의 것을 빼앗은 적이 있다면 용서하여 주옵소서. 하나님이 내게 맡기신 것을 청지기답게 사용하고 있는지 매일 하나님 앞에서 점검하길 원합니다. 내 마음을 청결하게 하시고, 내 손과 발이 정직의 길에 있게 하옵소서. 주신 것을 감사히 누리고, 가진 것을 나누고 베풀며 살 수 있도록 은혜와 지혜를 더하여 주옵소서. 이웃의 권리를 지키는 것이 곧 하나님을 경외하는 길임을 기억하게 하옵소서."

9. 네 이웃에 대하여 거짓 증거 하지 말라

"주님, 내 입술에 진리를 허락하여 주시고, 내 삶이 정직하고 신뢰받는 삶이 되게 하옵소서. 생활 속에서 진실을 지키고, 이웃의 명예와 권리를 보호하기 위해 내가 속한 공동체가 진실과 정의 위에 세워지게 하옵소서. 사람을 살리는 말을 하게 하시고, 거짓과 과장은 뿌리 뽑아주셔서 진리를 무너뜨리는 과오를 범하지 않게 하옵소서. 사실을 왜곡하지 않게 하시고, 소문이나 중상모략으로 타인을 평가 절하하지 않게 하시며, 가짜 뉴스와 왜곡된 정보의 사슬에서 벗어나게 하옵소서. 나의 이익을 위해 거짓을 합리화하지 않게 하옵소서"

10. 네 이웃의 집을 탐내지 말라

"주님, 세상의 탐심이 나의 것이 되지 않게 하옵소서. 혹 내 마음 속 깊은 곳에 탐심이 있다면, 주의 보혈을 나에게 부으시사 머리 끝부터 발 끝까지 주의 거룩함을 지킬 수 있도록 은혜를 베풀어 주옵소서. 세상 속에서, 환경 속에서 비교하는 마음들로 인해 주를 향한 이 마음을 빼앗기지 않게 하옵소서. 주님, 혹 내가 실제로 도둑질하지는 않았을지라도 마음으로부터 이웃의 것을 부러워하며 빼앗고 싶다는 욕망을 품은 적이 있다면, 그 탐심을 십자가 앞에 내려놓습니다. 주님이 주신 것에 만족하는 마음을 주시고, 나의 시선을 다른 사람의 소유가 아니라 주님의 은혜와 약속에 두게 하옵소서. 탐심이 아니라 감사로 살게 하시고, 욕망이 아니라 사랑으로 살게 하옵소서. 감사를 통해 하나님의 뜻을 이루시는 주님, 감사로 형통케 하옵소서. 주신 것에 만족하며 이웃을 축복하게 하옵소서."

✦ '하나님 아버지'로 드리는 기도—"주의 이름을 아는 자는 주를 의지하오리니"(시 9:10)

하나님 아버지!

"사랑이 많으신 아버지 하나님, 나의 이름을 아시고 자녀 삼아주신 주님을 찬양합니다. 하나님을 '아버지'라 부를 때, 나의 심령이 평안합니다. 내가 길을 잃었을 때, 길 잃은 양을 찾아 나서듯 날 찾아 나서셨던 아버지를 기억합니다. 먼 나라로 떠나 방황하던 탕자를 여전히 문 앞에서 기다리던 그 아버지의 마음을 이제야 알 것 같습니다. 때로는 내가 아버지를 오해했고, 내 삶이 힘들면 하나님의 사랑이 식은 줄로 착각하기도 했습니다. 아버지의 변함없는 사랑에 감사합니다. 이 호흡도, 오늘의 양식도, 가슴 뛰는 소망도 아버지로부터 왔습니다. 내 눈물이 마르기 전에 먼저 닦아주신 아버지, 사랑합니다."

전능하신 하나님!

"전능하신 하나님! 나는 할 수 없는 것이 너무 많습니다. 하지만 주님은 못 하실 일이 없으십니다. 하늘과 땅, 바다와 그 안에 있는 모든 것이 주님의 명령에 복종합니다. 오늘도 나의 작은 발걸음을 인도하시며, 기도에 응답하여 주옵소서. 주의 능력의 팔이 함께하셔서. 주님 바라보고 푯대를 향하여 달려갈 때 나와 주변의 모든 이의 무너진 마음을 새롭게 하시고, 닫힌 길을 열어주시며, 메마른 땅에 샘을 터뜨려 주옵소서. 오늘도 하나님의 능력이 내 가정과 사역과 이웃 가운데 흐르게 하옵소서. 모든 영광을 하나님께 돌립니다."

여호와 이레의 하나님!

"여호와 이레의 하나님! 내 인생의 모든 순간에 한 번도 빠짐없이 길을 예비해 주신 주님을 기억합니다. 앞으로도 내 삶에 주님의 예비하심의 손길이 있을 것을 믿습니다. 그런데도 나는 종종 나의 부족함을 보고 두려워하기도 합니다. 가진 것이 없고, 길이 막힌 것처럼 보일 때면 겁이 나기도 합니다. 하지만 필요한 때, 필요한 곳에, 필요한 것을 준비해 주시는 주님임을 알기에 주님을 찬양합니다.

여호와 이레의 하나님! 지혜와 용기, 사람과 기회, 은혜도 예비하셔서 나를 믿음의 사람으로 세워주시고, 필요를 채우실 뿐 아니라, 나도 누군가의 부족함을 채우는 통로가 되게 하옵소서. 나의 삶이 하나님을 증거하는 살아 있는 예배가 되게 하여 주옵소서. 길이 없으면 길을 만드셔서 일하시는 주님, 모든 영광과 찬양을 드립니다."

여호와 닛시의 하나님!

"승리의 깃발 되시는 주님, 오늘 나는 전쟁터 한가운데 서 있는 듯한 마음으로 하나님의 이름을 부릅니다. 나의 힘과 전략이 아닌 오직 하나님의 깃발 아래 설 때 내가 승리함을 믿습니다. 이 땅에서 누가 승리할지 정해져 있음을 고백합니다. 혹 환경은 그렇게 보이지 않을지라도, 나의 시선이 늘 하나님을 향할 수 있도록 도와주옵소서.

주님! 때로는 나 혼자 전쟁터에 있는 것처럼 느껴집니다. 내 눈을 열어주옵소서. 주님의 깃발을 보게 하시고, 나를 응원하는 천군 천사와 믿음의 조상들을 보게 하시며, 그들이 응원하는 함성을 듣게 하소서. 대장 되신 예수님을 의지합니다. 모든 영광과 승리는 하나님의 것입니다."

여호와 라파의 하나님!

"치유의 하나님, 오늘 나는 상한 마음과 무너진 몸을 가지고 주의 이름을 부릅니다. 광야의 쓴 물을 단물로 바꾸신 주님, 내 인생의 쓴 눈물도 은혜의 눈물로 바꿔주시옵소서. 나에게 오래된 상처가 있습니다. 사람의 말과 행동과 시선에서 받은 상처, 그리고 스스로 만든 죄의 흔적도 남아 있습니다. 나의 가장 깊은 곳까지 치유하시는 주님, 이 시간 나를 내어놓습니다. 주의 손길로 치료하여 주시옵소서. 그리고 그 상처의 자리에 은혜의 표시를 남겨주옵소서. 그 표시를 통해 내 삶에서 하나님을 증거하게 하옵소서. 이 땅의 모든 병든 몸과 마음, 깨어진 가정과 공동체에도 치유의 손길로 임하여 주옵소서. 오늘도 여호와 라파의 하나님을 믿음으로 부르며, 나의 모든 연약함을 맡깁니다."

여호와 샬롬의 하나님!

"평강의 하나님, 사방에서 욱여쌈을 당하듯 세상의 소리들이 나의 주변에서 울립니다. 때로는 혼란스럽고 불안합니다. 그래서 여호와 샬롬을 부릅니다. 세상이 줄 수 없고, 빼앗을 수도 없는 그 은혜로 내 영혼을 쉬게 하여 주옵소서. 기드온의 전쟁에서 '샬롬'으로 역사하시고, 골리앗 앞에서도 '샬롬'으로 다윗을 강하게 하셨던 주님, 내 마음을 해치는 근심과 염려를 이 시간 주님 앞에 내려놓습니다. 화해가 필요한 관계와 불안한 내일을 주님 앞에 내려놓습니다. 풍랑이는 바다를 향해 '잠잠하라' 말씀하신 주님의 선포를 믿음으로 따라 합니다. '잠잠하라!' 이제 주님 뜻 안에 거합니다. 폭풍 가운데서도 흔들리지 않는 믿음을 더하여 주시옵소서. 기도와 간구로 주님 앞에 섭니다. 내 마음과 생각을 지켜주시옵소서."

에벤에셀의 하나님!

"여기까지 우리를 도우신 하나님, 주님의 도우심이 아니었다면 나는 이 자리에 설 수 없었습니다. 나의 지나온 인생도 도우시는 하나님으로 인해 버티고, 살아내고, 살아올 수 있었습니다. 앞길이 막혀 눈물로만 걸어가던 해에도, 뒤돌아보니 주님의 흔적이 내 옆에 있었습니다. 주님의 발자취가 내 생명의 길이었고, 그 손길이 나의 삶을 붙들고 있었음을 고백합니다. 여기까지 도우신 하나님, 어제도, 오늘도, 내일도 동행하심을 믿습니다. 내 인생의 계절마다 '에벤에셀'을 외치며 살아가게 하옵소서. 나의 달려갈 길을 마칠 때까지 푯대를 향하여 달려갑니다. 주님 손 잡고 끝까지 믿음의 길을 달려가게 하시고, 그 날에는 못다 흘린 눈물을 마음껏 흘리게 하옵소서."

✿ '예수 그리스도시여'로 드리는 기도

예수 그리스도시여!

"죄인 된 나를 구원하신 주님, 오늘도 주님의 은혜 앞에 서서 주님을 물끄러미 바라봅니다. 내 손은 더러웠고, 내 마음은 상처투성이었으며 주님을 떠나 자주 방황했었습니다. 그래도 주님은 날 떠나지 않으시고, 버리지 않으셨습니다. 십자가에서 흘리신 그 보혈로 내 모든 죄를 씻으시고, 절망의 사슬을 끊으시며, 죽음에서 생명으로 옮기셨습니다. 오늘도 그 은혜에 빚진 자로 살아가렵니다. 나의 나

된 것은 오로지 주님의 은혜이며, 내 행위나 의가 아닌, 오직 주님의 사랑과 긍휼과 은혜로 내가 오늘 이 자리에 섰습니다. 내 존재의 이유는 주님이십니다. 이제 내 삶은 더는 내 것이 아닙니다. 주님의 마음을 품고, 주님의 길을 걸으며, 주님의 뜻을 이루는 도구로 사용하여 주옵소서."

예수 그리스도시여!

"십자가를 지신 주님, 오늘 나는 땀과 피와 눈물이 뒤섞인 그 언덕을 고통과 수치와 버림받음 속에서 고개 숙여 묵묵히 걸어가신 주님을 바라봅니다. 그 십자가는 나의 것이었는데…내 죄와 내 불순종과 내 교만의 무거운 형벌이었는데…. 이제 십자가 앞에 내 모든 허물을 내려놓습니다. 이 자유함이 소명으로 이어지게 도와주옵소서. 이제 그 옛날 주님께서 감추어두었던 양식이 나에게도 있습니다. 나를 보내신 이의 뜻을 행하고, 그 분의 일을 온전히 이루는 것이 나의 양식임을 고백합니다. 나는 십자가를 지신 주님께서 가신 길이 승리의 길이었음을 믿습니다. 내가 나의 십자가를 지고 주님을 따를 때, 세상은 나를 버림받은 자로 볼 수 있으나, 그럼에도 그 사랑이 내 영혼을 살리고, 오늘도 내 삶을 붙드심을 고백합니다. 하늘의 기쁨을 가득 품고 이 길을 끝까지 갈 수 있도록 도와주옵소서."

예수 그리스도시여!

"부활하신 생명의 주님, 나는 오늘 주님의 부활이 필요합니다. 절망 가운데 소망이 피어나고, 죄의 사슬이 풀리며, 나의 과거의 실패가 걸림돌이 되지 않게 하옵소서. 주님의 부활이 오늘 나의 부활임을 믿습니다. 죽었던 꿈과 소망이 다시 살아나게 하옵소서. 주님의 부활의 능력으로 식어버린 믿음이 다시 타오르게 하옵소서. 주님, 부활의 능력을 나의 가정과 교회와 이 땅에 부어주시고, 그 능력으로 깨어진 관계와 상한 마음이 회복되게 하옵소서. 그래서 부활의 증인으로 살아가게 하옵소서. 오늘도 부활의 주님과 함께 걸어갑니다. 가는 곳마다 죽음을 이기게 하시고, 소망의 증인이 되게 하시며, 주님을 찬양하게 하옵소서."

예수 그리스도시여!

"지금도 나와 함께하시는 임마누엘의 주님, 보이지 않아도 함께 계시며, 하늘에 계시지만 여기에도 계신 임마누엘의 주님, 오늘 내 삶 속에서도 숨 쉬고 계심을 믿습니다. 가끔 주님의 손을 놓고 두려움에 갇힐 때가 있었습니다. 혼자라고 외로워하며 착각할 때도 있었습니다. 하지만 주님의 시선은 한 번도 나를 놓치지 않으셨습니다. 내가 기쁠 때 함께 웃으시고, 아플 때는 함께 우시며, 길이 보이지 않을 때는 내 손을 붙잡고 이끌어 주셨습니다. 주님의 임마누엘은 언제나 나에게 평안과 용기를 줍니다. 고요한 시간에도, 폭풍 한가운데서도 여전히 나와 함께하심을 믿습니다. 주님, 오늘도, 내일도, 영원토록 주님과 함께 걷기를 원합니다."

❦ '보혜사 성령님'(파라클레토스)으로 드리는 기도

보혜사 성령님!

"내 안에 내주하시는 성령님, 오늘도 내 마음 깊은 곳에서 말씀하시고, 한 걸음 한 걸음 인도해 주심에 감사를 드립니다. 내 안에 찾아와 주시어 어둠을 밝히시고, 깨닫게 하시며, 하나님께 돌아가게 하시는 은혜에 감사드립니다. 연약할 때는 위로자가 되어주시고, 혼란할 때는 진리의 길을 가르쳐주시며, 기도할 수 없을 때는 말할 수 없는 탄식으로 나를 위해 간구하심을 믿습니다. 성령님, 예수님의 성품을 닮아갈 수 있도록 나를 거룩하게 빚어주옵소서. 보혜사 성령님, 나를 하나님의 뜻을 따르는 사람으로 세워주시고, 주님과의 동행이 일상이 되도록 이끌어 주시옵소서."

보혜사 성령님!

"진리의 영이시여, 세상은 수많은 소리를 냅니다. 거짓이 진리처럼 포장되어 다가옵니다. 그 속에서 오직 주님의 음성만을 듣고 싶습니다. 늘 우리를 진리 가운데로 인도하시는 성령님, 내 마음의 귀를 열고 내 영의 눈을 밝혀 말씀을 깨닫게 하시고, 말씀을 조명해 주시어 하나님의 깊은 뜻을 알게 하옵소서. 내가 길을 잃고 넘어질 때, 부드럽지만 단호한 음성으로 불러주시고 회복시키시며 새롭게 하여 주옵소서. 거짓과 타협하지 않는 담대함을 주시고, 진리 안에서 자유를 누리게 하옵소서. 그 자유로 사랑을 행하며, 주님의 뜻을 담대히 증거하게 하옵소서. 오늘도 진리의 영께 내 마음을 맡기며, 모든 영광과 찬양을 올려 드립니다."

보혜사 성령님!

"진리로 우리를 가르치시는 주님, 주님의 말씀이 내 안에 살아 움직이게 하옵소서. 말씀을 묵상할 때마다 지혜와 깨달음을 주옵소서. 내 생각과 경험을 의지하여 살려는 생각을 내려놓고 이 시간 주님 앞에 머리를 조아립니다. 참된 지혜와 총명을 주옵소서. 말씀이 내 발에 등불이 되고, 내 길에 빛이 되게 하시어 나를 올바른 길로 이끌어 주옵소서. 나를 가르치시고 책망하시어 하늘의 가치와 영원한 시각을 중심으로 살아가게 하옵소서. 혹 내가 교만하여져서 주님께 배우기를 멈추는 과오를 범하지 않게 하시고, 배운 것을 삶으로 살아내는 주님의 제자가 되게 하옵소서. 오늘도 주님의 발 앞에서 배웁니다. 말씀하옵소서. 내가 듣겠나이다."

보혜사 성령님!

"위로의 성령님, 나와 함께 울어주시고, 웃어주시는 주님을 사랑합니다. 내가 너무 지쳐 말할 힘조차 잃어버리면 주님은 어느새 내 곁에 오셔서 내 어깨를 두드려 주십니다. 세상의 위로는 잠시이지만, 주님의 위로는 영원합니다. 주님의 품에 안기면 눈물 속에서도 평안히 잠들 수 있습니다. 유일하게 내 아픔을 다 아시는 주님, 실패와 절망의 자리에서 부드럽게 내 손을 잡아주시는 주님, 그 사랑 때문에 내가 다시 살 수 있습니다. 버틸 수 있습니다. 그리고 다시 일어날 수 있습니다. 이제 주님의 위로가 슬픔에 잠긴 이웃에게도 전해지게 하옵소서. 부족하고 연약한 나를 통해 함께 아파하고, 함께 웃을 수 있는 예수의 마음이 흘러가게 하옵소서. 내 곁에서 변함없이 위로하시는 주님, 감사합니다."

보혜사 성령님!

"내 옆에 계셔서 언제나 나를 도우시는 하나님, 인생의 고개마다 혼자라고 생각될 때도 여전히 옆에 계신 주님, 감사합니다. 찬양합니다. 내가 삶이 힘겨워할 때마다 주님은 나를 붙들어 주셨습니다. 내가 방향을 잃을 때는 언제나 손을 잡아 이끄셨습니다. 내 곁에서 도우시는 그 사랑이 오늘 내 삶을 이어가게 하는 힘입니다. 가끔 주님은 너무 크셔서 멀리 있는 것만 같습니다. 저 높은 하늘에 계신 것 같고, 저 깊은 골짜기에 계신 것만 같습니다. 하지만 성령님을 부를 때마다 내 손이 닿는 가까운 곳에서 내 숨소리를 들으시며 나를 도우십니다. 주님, 나는 주님의 은혜 없이 살 수 없습니다. 그 도우심을 당연하게 여기지 않고 언제나 감사와 믿음으로 주님의 손을 붙들고 살게 하옵소서."

보혜사 성령님!

"나를 거룩하게 하시는 주님, 부족하고 연약한 어린 양 같은 내가 세상으로 나아갑니다. 세상의 기준이 아닌, 말씀의 거울을 가지고 돌진합니다. 죄의 흔적이 있고, 죄에 끌려가기 쉬운 육체를 가지고 있지만, 나를 포기하지 마옵소서. 오늘도 토기장이이신 주님께서 나를 아름답게 빚어주옵소서. 조금 더 정결하길 원합니다. 조금 더 주님을 닮길 원합니다. 내 힘으로는 불가합니다. 나를 성령의 불로 태우시고, 말씀의 생수로 씻으시며, 성령의 검으로 다듬어 주옵소서. 가슴을 찢으며 주께 부르짖습니다. 내 심령이 주님의 마음을 알고, 닮아가게 하옵소서. 내 마음이 하나님의 사랑을 닮아가게 하옵소서. 나는 거룩하지 않지만, 하나님의 거룩으로 걸어가게 하옵소서. 마지막 날까지 주님의 거룩하심을 닮아가는 삶을 살게 도와주옵소서."

보혜사 성령님!

"다시 오실 주님, 세상은 주님의 약속을 잊은 것 같습니다. 그저 자기 길을 가는 데 바쁩니다. 하지만 나의 영혼은 그날을 기다립니다. 이 땅에서 남들보다 더 성실하고 충실하게 살아가지만, 그날을 기다립니다. 때로는 기다림에 지쳐 울고 싶습니다. 세상의 유혹에 흔들리기도 합니다. 하지만 주님을 만날 때까지 울지 않고 버틸 것입니다. 그리고 주님을 만나는 그날, 주님 앞에서 펑펑 울 것입니다. 기름을 준비한 슬기로운 다섯 처녀처럼 늘 깨어 있게 하옵소서. 항상 기름을 준비하듯 말과 행동과 삶이 주님을 향하게 하옵소서. 매일의 생활에서 천국을 살아가도록 인도하여 주옵소서. 마라나타, 아멘, 주 예수여, 어서 오시옵소서."

❦ '주님, 나를 긍휼히 여기소서'로 드리는 기도

"주여, 나를 긍휼히 여겨주옵소서. 이 고백 외에 드릴 말이 없습니다. 주님 앞에 설 때마다 오직 주님의 긍휼만이 나의 소망입니다. 주님, 나를 긍휼히 여겨주옵소서."

개인을 위한 기도

"주여, 내 마음이 완악했음을 용서하소서. 끼리에 엘레이손, 주님, 나를 긍휼히 여겨주옵소서. 주님, 나는 연약하여 같은 죄를 반복하고, 넘어져도 다시 일어나기보다 좌절 속에 머물 때가 많습니다. 끼리에 엘레이손, 주님, 나를 긍휼히 여겨주옵소서. 생각 없이 내뱉은 말, 미루어둔 순종, 차가운 무관심에 대해서도 끼리에 엘레이손, 주님, 나를 긍휼히 여겨주옵소서."

가족과 공동체를 위한 기도

"주님, 우리의 말과 행동이 서로를 세우기보다 상하게 한 순간들을 용서해 주옵소서. 끼리에 엘레이손, 주님, 우리를 긍휼히 여겨주옵소서. 오래 참음과 용납으로 서로를 품게 하시고, 사랑의 띠로 묶어주시옵소서. 끼리에 엘레이손, 주님, 우리를 긍휼히 여겨주옵소서. 우리 가정에, 교회에 주님의 자비가 흐르게 하소서. 서로를 정죄했던 마음, 사랑보다 자기 주장을 앞세운 날들을 용서하소서. 끼리에 엘레이손, 주님, 우리를 긍휼히 여겨주옵소서."

민족과 열방을 위한 기도

"이 땅의 분열과 탐욕, 억울한 눈물 위에 자비를 베푸소서. 끼리에 엘레이손, 주님, 우리를 긍휼히 여겨주옵소서. 전쟁과 갈등, 불의한 사회 구조에 주님의 정의와 자비를 내려주옵소서. 끼리에 엘레이손, 주님, 우리를 긍휼히 여겨주옵소서. 지도자들에게는 지혜와 정직을, 백성들에게는 공의와 긍휼의 마음을 주시옵소서. 끼리에 엘레이손, 주님, 우리를 긍휼히 여겨주옵소서. 전쟁과 기근, 핍박과 재난 속에 있는 열방을 기억하시고, 복음의 빛이 세상의 가장 어두운 곳도 비추게 하소서. 끼리에 엘레이손, 주님, 우리를 긍휼히 여겨 주옵소서.

고통받는 자들을 위한 기도

"마음이 상한 자, 슬픔에 잠긴 자, 소망을 잃은 자들을 기억해 주옵소서. 끼리에 엘레이손, 주님, 우리를 긍휼히 여겨주옵소서. 병상에서 신음하는 자들에게 치유와 회복의 은혜를 베풀어 주옵시고, 억울함과 외로움 속에 갇힌 자들에게 자유와 평안을 주옵소서. 끼리에 엘레이손, 주님, 우리를 긍휼히 여겨 주옵소서. 우리가 고통받는 이들을 위한 주님의 손과 발이 되게 하소서. 끼리에 엘레이손, 주님, 우리를 긍휼히 여겨주옵소서."

나의 결단의 기도

"주여, 긍휼을 입은 자로 살게 하옵소서. 다른 이에게도 긍휼을 흘려보내게 하시고, 날마다 십자가 앞에 엎드려 다시 긍휼을 입고, 다시 사랑하게 하옵소서. 끼리에 엘레이손, 주님, 나를 긍휼히 여겨주옵소서. 십자가의 길을 외면하지 않게 하시고, 작은 일에도 충성하며, 주님이 원하시는 자리에서 기꺼이 섬기게 하소서. 끼리에 엘레이손, 주님, 나를 긍휼히 여겨주옵소서. 끝없는 은혜로 나를 다시 일으켜 주소서. 끼리에 엘레이손, 주님, 나를 긍휼히 여겨주옵소서.

✈ 일정을 보고하며 드리는 기도

"사람의 마음에는 많은 계획이 있어도 오직 여호와의 뜻만이 완전히 서리라"(잠 19:21).

"주님, 오늘의 모든 일정을 주님께 말씀드립니다. 내가 계획한 시간표에 주님의 뜻과 인도하심이 덧입혀지기를 원합니다. 이제 ○시에 ○○와의 만남이 있습니다. 이 만남을 통해 주님의 일이 이루어지게 하옵소서. 내 입술에 파수꾼을 세우시고, 해야 할 말을 내 입에 주옵소서. 내 행동과 표정에서 주님이 주시는 기쁨이 넘쳐나게 하옵소서. 오늘 나의 업무 가운데 함께해 주옵소서. 도와주시옵소서. 그다음 ○○ 장소로 이동하려고 합니다. 오가는 길도 안전하게 인도하여 주옵소서. 주님, 계획된 일정에 주의 지혜를 부어주시고, 예상치 못한 일을 당하더라도 주의 평안을 허락하여 주옵소서. 오늘 하루도 바쁘고 지칠 때는 잠시 멈추어 주님의 음성을 들을 수 있도록 도와주옵소서. 성급한 판단 대신, 성령에 대한 민감함을 주옵소서. 주님, 일정마다 만나는 사람들에게 내가 주님의 향기를 전할 수 있도록 도와주시고, 나의 말 한마디 행동 하나에도 사랑과 진리가 흐르게 하옵소서. 오늘의 일정이 성과나 결과로만 평가되지 않게 하시고, 주님과 동행한 하루였는지를 돌아보게 하옵소서. 끝까지 인내하며 맡은 일을 잘 감당하고 쉬는 시간에는 영혼도 쉴 수 있도록 도와주소서. 오늘도 주님과 함께 걸어 갑니다. 예수님의 이름으로 기도드립니다. 아멘."

🕊 주님이 함께하심을 인지하며 드리는 식사 기도

"그들과 함께 음식 잡수실 때에 떡을 가지사 축사하시고"(눅 24:30).

"예수님, 이 식탁에 주님이 함께 계심을 믿습니다. 제자들에게 떡을 떼어주시던 그날처럼, 이 순간에도 우리 가운데 임재하시고, 사랑으로 나누시며 말씀하시는 줄 믿습니다. 주님, 우리가 먹는 이 양식을 통해 십자가의 은혜를 기억하게 하옵소서. 주님의 찢기신 몸처럼, 누군가의 수고와 눈물 위에 놓인 이 음식에 감사로 임하게 하옵소서. 엠마오로 가던 길에서 제자들이 떡을 떼는 순간 주님을 알아보았던 것처럼, 우리도 이 식탁에서 주님을 인지하게 하옵소서. 보이지 않아도 함께 계시는 주님을 믿음의 눈으로 바라봅니다. 성찬처럼, 이 식사도 주님의 사랑과 희생을 기억하며 나누게 하옵소서. 이 한 끼가 생명이 되게 하시고, 다시 사명을 붙들게 하는 위로가 되게 하옵소서. 예수님, 감사합니다. 주님이 이 식탁의 주인이 되심을 고백합니다. 지금 여기 함께하심을 압니다. 감사와 믿음으로 이 음식을 받습니다. 감사드리며, 예수님의 이름으로 기도합니다. 아멘."

🕊 갈릴리의 식탁에서 드리는 식사 기도

"와서 조반을 먹으라"(요 21:12).

"부활하신 주님, 오늘도 나를 위해 이 아침을 준비하신 줄 믿습니다. 밤새 허탕 친 것 같은 내 인생의 자리에도 불을 피우시고, 떡과 물고기를 손수 놓으시는 주님의 섬김을 기억합니다. 주님, 이 식탁이 단지 배고픔을 채우는 시간이 아니라, 상처 입은 영혼이 회복되는 자리가 되게 하소서. 베드로에게 "먹으라"고 하시며 말없이 용납과 사랑을 건네셨던 그 은혜를 지금 나도 받습니다. 내가 실패했을 때도 주님께서는 이미 베드로보다 먼저 호숫가에 서 계셨던 것처럼 이 식탁에도 먼저 오셔서 기다리신 줄 믿습니다. 오늘도 주님은 내게 말씀하십니다. "와서 조반을 먹으라." 주님이 이곳에 함께하심을 압니다. 이 음식은 은혜입니다. 이 시간은 회복입니다. 이 식탁은 다시 사명 앞에 서는 자리입니다. 주님, 내가 다시 사랑할 수 있게 하소서. 다시 일어설 수 있게 하소서. 주님과 함께 다시 걸을 수 있게 하소서. 주님, 감사합니다. 이 식사 시간에, 눈에 보이지 않지만 확실히 함께 계시는 예수님의 이름으로 기도드립니다. 아멘."

엠마오의 식탁에서 드리는 식사 기도

"그들과 함께 음식 잡수실 때에 떡을 가지사 축사하시고…그들의 눈이 밝아져 그인 줄 알아보더니"(눅 24:30-31).

"주님, 지금 이 식탁에도 주님이 함께하심을 압니다. 우리가 걸어온 길이 엠마오의 제자들처럼 낙심과 혼란의 길이었다 할지라도, 주님은 이미 우리 곁에 동행하고 계셨음을 믿습니다. 이제 떡을 드시던 그 손으로, 이 식탁에 놓인 음식도 축복해 주소서. 사랑으로 두 제자에게 말씀을 들려주셨던 것처럼, 이 식사 자리에도 주님의 음성이 함께하게 하소서. 혹 내 눈이 아직 어두워 주님을 못 알아보더라도, 이 떡을 떼는 순간 주님의 임재를 느끼게 하소서. 이 식탁은 단순한 식사의 자리가 아니라, 주님과의 만남의 자리입니다. 지금 여기에 계신 주님을 믿음의 눈으로 바라봅니다. 주님, 이 음식은 은혜요, 이 순간은 회복이며, 이 기도는 주님께로 돌아가는 발걸음입니다. 우리의 눈을 열어주셔서 주님의 말씀에 우리 마음이 뜨거워지고, 식탁에 임하신 주님의 손길로 우리 영이 다시 살아나게 하소서. 엠마오의 식탁을 오늘 내 삶의 식탁으로 삼게 하심이 감사드리며 예수 그리스도의 이름으로 기도드립니다. 아멘."

🌿 용인 원바신갈지역아동센터에서 드리는 식사 기도

식사 전 기도는 하나님의 은혜를 기억하게 합니다. 부모님께, 하나님께 감사하는 좋은 습관도 길러줍니다. 그리고 감사로 하나님의 뜻을 이루어내는 가치 있는 삶을 살게 합니다.

식사 전 감사 기도문

> 비를 내리시고, 바람을 불게 하시며,
> 햇볕을 주셔서 곡식이 자라게 하심을 감사합니다.
> 농부의 수고와 음식을 조리하는 사랑으로
> 식탁에 맛있는 음식을 주신 것도 감사합니다.
> 나의 노력보다 하나님의 은혜가 더 감사합니다.
> 맛있게 먹고 지혜와 키가 자라게 하시고,
> 복을 내려주소서.
> 그리고 가족과 나라와 민족의
> 훌륭한 사람 되게 하소서.
> 예수님의 이름으로 기도합니다. 아멘.

에필로그

　삶이 기도가 될 때, 기도는 삶이 됩니다. 기도는 결국 하나님과의 사랑을 고백하는 삶입니다. 이 책을 덮는 지금, 당신은 어떤 마음으로 하루를 맞이하고 계신가요?

　지금 이 순간에도, 당신 안에는 주님의 이름을 부르고 싶은 마음이 있고, 어떤 말로도 표현되지 않는 탄식이 있으며, 짧은 한숨조차도 기도가 되기를 바라는 영혼의 갈망이 있을 것입니다. 그렇다면 그 마음은 이미 쉬지 않는 기도의 시작입니다.

　이 책이 안내한 예수님과 동행하는 루틴은 완벽한 기도 방법이 아닙니다. 오히려 불완전한 우리의 일상에 하나님을 향한 사랑의 습관을 하나씩 더해가는 과정입니다.

　아침은 믿음으로 일어나는 부활의 시간, 정오는 삶의 방향을 재

정비하는 영적 나침반, 밤은 하나님의 품에 안기는 안식의 시간, 그리고 순간마다 흘러나오는 마디 기도는 예수님의 이름이 당신의 호흡이 되고, 성령님의 도우심이 당신의 걸음이 되게 합니다.

바쁠수록 더 쉬지 말고 기도해야 합니다. 짧을수록 기도는 더 깊어져야 합니다. 그리고 짧고 깊은 기도들이 이어질 때, 그 모든 순간은 주님과 함께하는 거룩한 시간이 됩니다. 기도는 형식이 아닙니다. 기도는 살아 계신 하나님을 향한 사랑의 고백이며, 당신의 존재가 하나님 앞에 있다는 증거입니다.

이제 책을 덮고, 다시 일상으로 돌아가십시오. 그러나 당신은 이제 이전의 당신이 아닙니다. 당신은 하나님의 이름을 부를 줄 아는 사람, 기도로 순간을 바꾸고, 일상을 성소로 만드는 사람입니다. 기도는 당신의 삶에 실제로 역사합니다. 당신의 속도를 늦추고, 방향을 바꾸며, 이웃과의 관계를 살리고, 무너졌던 마음을 다시 일으켜 세웁니다. 마침내 기도가 당신의 일상이 되고, 당신의 일상이 기도가 될 때, 그 삶은 곧 예수님과 동행하는 길이 됩니다.

사랑하는 여러분, 우리의 하루하루가 예수님의 이름으로 숨 쉬고, 성령님의 도우심으로 채워지며, 하나님의 임재 안에서 평안하기를 소망합니다. 당신의 삶이 곧 기도입니다. 그 기도가 멈추지 않기를, 그리고 그 기도로 주님과 동행하기를.

참고문헌

김석년. 쉬지 않는 기도: 행복한 삶으로 초대하는 기도 실천서. 서울: 샘솟는기쁨, 2020.

김석년. 쉬지 않는 기도 동행 31. 서울: 샘솟는기쁨, 2022.

강영광. "마음의 호흡, 예수 기도의 신비." 기독교사상, no. 192(2025년 4월): 192-193.

권명수. "관상기도란 무엇인가?" 뉴스앤조이, 2007년 5월 16일. https://www.newsnjoy.co.kr.

유해룡. "동방정교회의 관상적 전통과 예수의 기도." 기독교사상, no. 192(2025년 4월): 243-.

채혁수. "예수 기도의 영성교육적 적용에 관한 연구." 기독교교육정보 51(2016년 12월): 243-271. 천안: 한국기독교교육정보학회.

Bernard McGinn. *The Presence of God: A History of Western Christian Mysticism*. Vol. 1, *The Foundations of Mysticism: Origins to the Fifth Century*. New York: Crossroad, 1992.

Bounds, E. M. E. M. Bounds on Prayer. New Kensington, PA: Whitaker House, 1997.

"사막 교부에게 배우는 삶의 지혜: 끊임없이 기도하라!(상)." 가톨릭평화신문 제3445호, 2025년 6월 8일, 17면. https://www.catholictimes.org/article/20250528500078

김석년. "'김석년의 쉬지 않는 기도' 1강, 왜 쉬지 않는 기도인가?" YouTube, 2023년 10월 16, 동영상. https://youtu.be/JeNXA-f7mHc.

쉬지 않는 기도
하루 24시간 예수님과 동행하는 루틴

1판 1쇄 인쇄 _ 2025년 9월 23일
1판 1쇄 발행 _ 2025년 9월 30일

지은이 _ 오경근
펴낸이 _ 이형규
펴낸곳 _ 쿰란출판사

주소 _ 서울특별시 종로구 이화장길 6
편집부 _ 745-1007, 745-1301~2, 747-1212, 743-1300
영업부 _ 747-1004, FAX 745-8490
본사평생전화번호 _ 0502-756-1004
홈페이지 _ http://www.qumran.co.kr
E-mail _ qrbooks@daum.net / qrbooks@gmail.com
한글인터넷주소 _ 쿰란, 쿰란출판사
페이스북 _ www.facebook.com/qumranpeople
인스타그램 _ www.instagram.com/qrbooks
등록 _ 제1-670호(1988.2.27)
책임교열 _ 김준표·이주련

ⓒ 오경근 2025 ISBN 979-11-24013-11-3 93230

책값은 뒤표지에 있습니다.
이 출판물은 저작권법에 의해 보호를 받는 저작물이므로 무단 복제할 수 없습니다.
파본(破本)은 구입처에서 교환해 드립니다.